ゆったり＆じっくり楽しむ

高野山
参拝旅
完全ガイド

ゆったり&じっくり楽しむ

高野山参拝旅 完全ガイド

CONTENTS

データの見方

☎…電話番号
住…所在地
営…営業時間
休…休業日
(年末年始や長期休暇などについては
各社・各施設へお問い合わせください)

※本書の掲載情報は、2023年8月現在のものです。
　その後、各社・各施設の都合により
　変更される場合がありますので、予めご了承ください。
※掲載した商品は本書発売期間中に
　売り切れる場合がございますので、予めご了承下さい。
※掲載された金額は一部を除き全て税込金額となります。

いざ、高野山へ

悠久の時を刻む、真言密教の聖地

高野山の表玄関である大門をくぐった先が、空海が築いた密教修禅の道場だ。両側に安置された2体の金剛力士像の力強い眼差しに、背筋の伸びる思いがするだろう。多くの皇族や高僧、武将たちも同じ思いを抱いたに違いない。

いざ、高野山へ

仏の智慧を
世に伝える、
高野山の聖職

高野山は、多くの人々の信仰の場であると同時に、僧侶の学びの場でもある。高野山真言宗で出家すると、厳格な戒律を守りながら100日間の四度加行（しどけぎょう）※1を行い、ひたすら己と仏と向き合う。行を成満（じょうまん）し、伝法灌頂※2を受けて初めて僧侶となれるのだ。

※1 伝法灌頂を受ける前に行う修行
※2 阿闍梨の位を授ける儀式

高野山エリアへのアクセス

弘法大師空海の聖地巡礼は、公共交通機関、または車でのアクセス方法がある。
それぞれに便利なアクセス方法について紹介

鉄道・飛行機の旅

高野山への旅は新大阪からスタートするのがベスト。東京方面からなら新幹線や飛行機、名古屋方面からは近鉄を使って南海難波駅へ。そこから南海高野線で高野山をめざそう。

壇上伽藍の入り口、中門へは大門から出発する
南海りんかんバスが便利

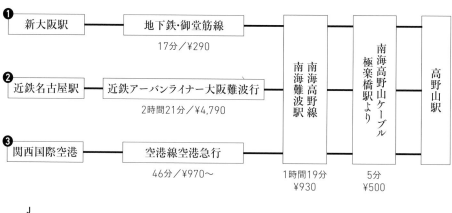

❶ 新大阪駅 ── 地下鉄・御堂筋線 17分／¥290 ── 南海難波駅

❷ 近鉄名古屋駅 ── 近鉄アーバンライナー大阪難波行 2時間21分／¥4,790 ── 南海難波駅

❸ 関西国際空港 ── 空港線空港急行 46分／¥970〜 ── 南海難波駅

南海高野線 1時間19分 ¥930 → 南海高野山ケーブル 極楽橋駅より 5分 ¥500 → 高野山駅

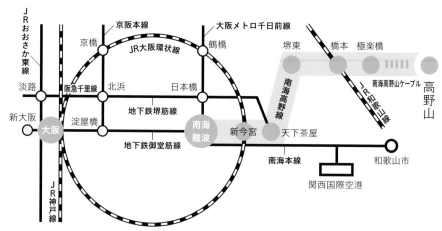

ドライブルート

※表示している料金は普通車の通常料金

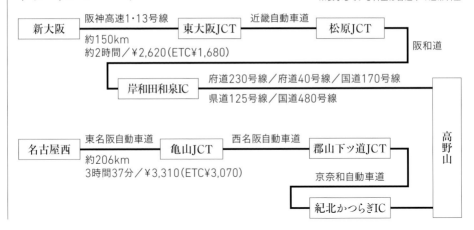

新大阪 ― 阪神高速1・13号線 約150km 約2時間／¥2,620(ETC¥1,680) ― 東大阪JCT ― 近畿自動車道 ― 松原JCT ― 阪和道

岸和田和泉IC ― 府道230号線／府道40号線／国道170号線 / 県道125号線／国道480号線 ― 高野山

名古屋西 ― 東名阪自動車道 約206km 3時間37分／¥3,310(ETC¥3,070) ― 亀山JCT ― 西名阪自動車道 ― 郡山下ツ道JCT ― 京奈和自動車道 ― 紀北かつらぎIC ― 高野山

バスルート

※時刻、所要時間は変更になる場合があります。

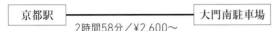

京都駅からのルート　京阪バス

京都駅 ― 2時間58分／¥2,600〜 ― 大門南駐車場

南海りんかんバス　高野山内線

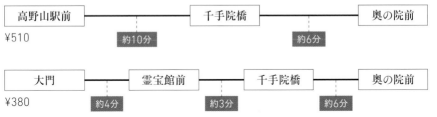

高野山駅前 ―約10分― 千手院橋 ―約6分― 奥の院前
¥510

大門 ―約4分― 霊宝館前 ―約3分― 千手院橋 ―約6分― 奥の院前
¥380

※2023年10月現在

高野山参拝は パーク＆ライドがおすすめ！

　高野山界隈は道が狭く、駐車場を探すのも意外と時間がかかるため、車を止めて公共交通機関を使うパーク＆ライドがおすすめだ。大門南駐車場に車を止めて、南海りんかんバスに乗車。停留所は文化財に近い場所が多く、下車したらすぐに観光できるのが魅力だ。また移動中も、高野山の山並みや自然をたっぷりと堪能できる。さらにバスでしかいけない専用道路もあり、車では見られない景色を楽しむこともできる。

高野山拝観料一覧表

行先	対象者	料金	時間
金剛峯寺	中学生以上	¥1,000	8:30 〜 17:00 (受付〜 16:30)
	小学生	¥300	
金堂	中学生以上	¥500	8:30 〜 17:00 (受付〜 16:30)
	小学生以下	無料	
根本大塔	中学生以上	¥500	8:30 〜 17:00 (受付〜 16:30)
	小学生以下	無料	
徳川家霊台	中学生以上	¥200	8:30 〜 17:00 (受付〜 16:30)
	小学生以下	無料	
授戒料	すべて	¥1,000	9:00/10:00/11:00/13:00 14:00/15:00/16:00
共通内拝券	中学生以上	¥2,500	上記五カ所
	小学生以下	対象外	

空海と
真言密教を知る

平安時代、唐へ渡って密教を学び、日本で時の天皇に勅許を賜り
真言宗を開いた空海。
高野山開創や四国八十八ヶ所の伝承、
庶民のための学校創設など数々の偉業を残した空海の歴史と足跡をたどる

壇上伽藍の根本大塔内には、弘法大師の姿が描かれた壁画がある

011

空海の生涯を知る

インドから中国に伝わった密教を日本にもたらした僧で、真言宗の開祖。
語学や詩作、書の才能を持っていたほか、
土木工学にも通じていたとされる

空海の生涯年表

774（宝亀5）年	讃岐国多度郡にて誕生
788（延暦7）年	叔父の阿刀宿禰大足の下で学ぶ
791（延暦10）年	長岡京の大学寮に入学
793（延暦12）年	山林修禅をはじめる
797（延暦16）年	『三教指帰』を著す
798（延暦17）年	大和国久米寺で『大日経』に出合う
804（延暦23）年	東大寺戒壇院にて具足戒を受けて正式に僧となる
	遣唐使の留学僧として唐に渡る
805（延暦24）年	恵果和尚より金剛界灌頂、胎蔵界灌頂、阿闍梨灌頂を受けて、密教の法を正式に伝授され、遍照金剛の名を授かる
806（大同元）年	帰国
809（大同4）年	高雄山寺に入る
812（弘仁3）年	最澄に金剛界灌頂、胎蔵界灌頂を授ける
816（弘仁7）年	高野山開創に着手
821（弘仁12）年	讃岐国の満濃池を修復
823（弘仁14）年	平安京の東寺を与えられ、真言密教の専門道場とする
824（天長元）年	神泉苑で祈雨法（雨乞いの儀式）を執り行う
828（天長5）年	庶民のための学校・綜藝種智院開設
835（承和2）年	入定
921（延喜21）年	醍醐天皇より「弘法大師」の名を贈られる

弘法大師像

774（宝亀5）年
讃岐国多度郡にて
誕生

　空海の誕生は、奈良時代末期の774（宝亀5）年6月15日。幼名は真魚。生誕地は四国の讃岐国多度郡で、父は郡司である佐伯 直田公、母は物部氏の末裔である阿刀氏の娘・玉依御前だ。「合掌しながら生まれた」「粘土で仏像を作って礼拝していた」といった幼少期の逸話もあり、大切に育てられた。7歳の時、郡内の我拝師山の頂上から「仏法を広めて人々を導きたい」として身を投げ、天女に受け止められたという捨身誓願の伝説が残る。

788（延暦7）年
学校で
勉学を重ねる

　語学や文学、書道などに秀でていた真魚は、讃岐国にて地方役人を教育する学校「国学」にて学んだ。15歳で長岡京に上り、母方の叔父で、桓武天皇の皇子・伊予親王の教育係を勤める儒学者・阿刀宿禰大足の下で学問に励む。18歳で中央役人を養成する大学寮に入学した真魚だが、出世のための勉学に疑問を抱さ、奈良・石淵寺の僧・勤操を度々訪れては仏教に親しんでいた。ある修禅者から密教の秘法『虚空蔵求聞持法』を授かったことをきっかけに、仏道を志す。

793(延暦12)年〜

出家と神秘体験

　世のため、人のためを思い、一生を捧げるために仏の道の修業に勤しんでいた真魚は、やがて19歳で大学を去り、阿波の大瀧嶽(だいりゅうがたけ)や伊予の石鎚山(いしづちさん)など大自然と一体となれる四国の山岳を巡りながら過酷な修禅に身を投じ続ける。のちに私度僧として勤操の下で出家得度し、22歳で空海と名を改めた。

　ある日の夜明け、空海が土佐の室戸崎(むろとのさき)で虚空蔵菩薩の真言を唱える行に励んでいると、東の空から虚空蔵菩薩の化現(けげん)とされる明の明星が飛来して口に飛び込み、一体化するという神秘体験をした。この体験は出家宣言ともいえる空海初の著書『三教指帰(さんごうしき)』に記されている。

798(延暦17)年〜

入唐求法し、密教を学ぶ

　修業を重ね、数々の経典を読みあさった空海だが、求める真理にたどり着くことができなかった。ある日、「大和高市郡(やまとたけちのこおり)の久米寺東塔の中に求める教法がある」という夢のお告げにより訪れた大和国の久米寺で密教の経典『大日経』に出合う。

　しかし読むだけでは大日経の内容が理解できなかった空海は、唐へ渡って密教を学ぶことを決意した。私度僧であった空海は、東大寺の戒壇院(かいだんいん)にて授戒して正式な僧となり、莫大な資金をも調達。遣唐使船に乗り留学僧として唐を目指した。この時、天台宗を開いた最澄(さいちょう)も唐へと渡っている。嵐に遭遇する困難な船旅を経て、半年後に唐の都長安に到着する。

805（延暦24）年
恵果和尚から
密教の奥義を伝授

　長安の西明寺に止宿した空海は、経典を原本から理解するためにインド僧・般若三蔵や牟尼室利三蔵から梵語を学ぶ。最先端の文化の集積地である長安で、バラモン教やイスラム教、マニ教などの宗教哲学のほか、書や美術なども習得してその名を知られるようになる。

　半年後、密教の根本道場である青龍寺東塔院を訪れ、三代の皇帝に師と仰がれた高僧の恵果和尚に面会。恵果和尚は、空海を一目見て、正式な伝承者と認定し、3カ月で密教の奥義の全てを伝授。遍照金剛の法号を授かり、真言密教の第八祖となった。恵果和尚は空海に愛用の袈裟や法具類、曼荼羅を授けた。

806（大同元）年
帰国し、
真言宗を開く

　空海に密教を託した恵果和尚は「祖国に戻って密教を伝えよ」との遺言を残して入滅。唐の皇帝の許可を得て20年の留学期間を2年で切り上げ、明州から船に乗り、日本を目指した。途中何度も嵐に遭うたび空海は真言を唱え、海を鎮静化させた。

　膨大な量の経典や図像、法具などを携えて帰国した空海は、筑紫の太宰府で『御請来目録』を朝廷に提出して入京の許可を3年間待った。その後、都に上った空海は、嵯峨天皇から「真言宗」という宗旨を開く許しを得て、平安京の北西にある高雄山寺に居住し、恵果から伝授された密教の体系化に勤しむ。

806（大同元）年〜
大日如来伝来と般若心経

　空海と嵯峨天皇の縁は深く、逸話も多い。ある時、嵯峨天皇に宮中に呼ばれた空海は、高僧たちから「即身成仏の証拠は何か」と問われる。空海がその場で印を結んで真言を唱えると、体から五色の光明を放つ大日如来の姿になったという伝説が『金剛峰寺建立修行縁起』に記されている（写真下）。

　また、818（弘仁9）年の春、都で疫病が流行した際には、嵯峨天皇の命で祈祷を行った。空海が一心に祈祷を行うと疫病がおさまり、世の中は平癒になった。その時空海は嵯峨天皇に般若心経の写経を勧め、密教の視点で講釈を行った。その内容が『般若心経秘鍵』である。

828（天長5）年〜
綜藝種智院の創設

　当時の日本には、皇族や貴族、地方豪族のための教育機関や私学はあったが、民衆にも門戸を開いた学校はなかった。唐の都・長安にて、その教育と文化水準の高さを目の当たりにした空海は、828（天長5）年に藤原三守から寄進された邸宅で、学問所「綜藝種智院」を創設した。綜藝とはあらゆる学問と芸術を、種智とは仏の智慧を意味するもので、儒教・仏教・道教の三教などが総合的に学べる学校だ。身分の別を問わず、庶民にも門戸を開いた民間教育機関としては我が国初の学校で、教師と学生双方の生活保障をするという画期的なものであった。空海の入定後は後継者がおらず、閉校となった。

高野山ご開創

　師・恵果から「母国で密教を広めよ」との遺言を受けた空海は、真言密教修禅の道場を作るための場所を求めて各地を旅した。ある時空海は、奈良の山中で、狩場明神の化身である狩人の導きで高野山に向かう。そこには、唐から帰国する際に明州の浜から投げた密教法具の三鈷杵が松の木に引っかかっていたという言い伝えが残っている。816（弘仁7）年、空海は嵯峨天皇に高野山の下賜を願い出て許しを得た。その上表文には「空海少年の日、好んで山水を渉覧[※]し、吉野より南に行くこと一日、更に西に向かって去ること一両日程にして、平原の幽地あり。名づけて高野という」とあることから、山岳修行に明け暮れていた際、高野山の地に出合っていたのかもしれない。空海は、弟子の泰範や実慧のほか職人たちを高野山に送り、開創の準備に当たった。そして818（弘仁9）年に自身も高野山に入って建立に着手する。まず行ったのが、七里四方に結界を結び、2柱の地元神を祀ることだった。

（※）広く物事を見聞きし、よく知っていること

835（承和2）年〜

空海の遺告と入定

823（弘仁14）年に京の東寺を与えられた空海は、高野山と京とを行き来しながら、全国を巡って教法を広める日々を送る。のち、832（天長9）年に都を離れて高野山に移り住んだ。この年の萬燈萬華会の願文に「虚空尽き、衆生尽き、涅槃尽きなば、我が願いも尽きん」と記し、全ての生命が解脱するまで菩薩行を実践する誓願を立てる。そして、835（承和2）年に弟子を集め、寺院の管理や運営など25条にわたって示す御遺告を行った。

真言密教を弟子に託す準備を終えた空海は、同年の3月21日を入定と決め、中院にて大日如来の定印を結びながら三昧に入り、予言通り早朝に入定。弟子たちは、空海の指示通り、入定の50日目に奥之院の霊窟に定身を納めた。

空海の入定には、多くの弟子たちが付き添った

人々に救いの手を差し伸べた

空海の偉業

神泉苑の雨乞い
しんせんえんのあまごい

824（天長元）年、日本中が日照りに襲われ、作物や野山の草木が枯れ果てる。淳和天皇の命により、空海は弟子とともに宮中の神泉苑で雨乞いの祈祷を行った。すると、善女竜王が現れて、三日三晩にわたり雨を降らせたという伝説が残る。空海はこの功により少僧都に、3年後に大僧都に任じられた。

満濃池の治水
まんのういけのちすい

空海の故郷である讃岐国は雨が少ない。田畑をうるおすために作られた周囲16kmの人工池・満濃池は、風雨によってたびたび決壊し、住民を悩ませていた。土木技術にも長けていた空海は、821（弘仁12）年に嵯峨天皇の命で改築の責任者を任じられ、わずか3カ月で難工事を成功させた。

キーワードで知る 真言密教

真言密教は、万物の根源であり真理の姿である大日如来が説いた秘密の教えである。
仏教の中でも、実在した釈迦が説いた顕教（密教の反意語）とは区別される

真言
しんごん

サンスクリット語のマントラの漢訳で、仏や菩薩の真実の言葉や、その働きを表す秘密の言葉を指す。一音節のものを種子、長いものは陀羅尼とも呼ばれる。万物の事象の深い意味や隠された意味を明らかにするもので、言語では翻訳できない聖なる音声だ。空海は「一字に千理を含む」と、一文字の中に無限の真理が込められていると説く。意味を考えるのではなく、声に出して唱えることそのものが重要だ。

三密
さんみつ

仏教では、生命を「身口意」で構成すると考える。身は身体、口は言葉、意は心を指し、煩悩の元であり悟りの世界から遠ざけるものとして「三業」と呼ぶ。真言密教では、手に印を結ぶ「身密」、真言を唱える「口密」、心に大日如来を思い浮かべる「意密」で身口意を整えることが完璧にできたとき、煩悩から解き放たれて大日如来と一体化し、仏の境地に達する即身成仏を叶えると説く。これを「三密加持」という。

六大
ろくだい

万物は、本体である「体」、その姿である「相」、その働きである「用」からなる。六大は、万物の「体」を構成する根源的な6つの要素で、大日如来の本体を象徴する。「地・水・火・風・空」の物質空間的な五大に、物事を認識する「識」という精神的な要素を加えたもの。宇宙の森羅万象の全ては、六大が互いに作用しながら一体化して存在している。空海は『即身成仏義』でこれを説いている。

四曼
しまん

六大が万物の「体」を表すのに対して、姿として表す「相」が示すのが四種曼荼羅で、略して四曼と呼ぶ。万物の一切の相を色相、形象、名称、動作の4つに分け、諸仏や菩薩、人間や動植物、鉱物などの姿を示す「大曼荼羅」、諸仏や菩薩が手で結ぶ印契や蓮華、剣、宝珠などの仏具を示す「三昧耶曼荼羅」、諸仏や菩薩の真言や梵字を示す「法曼荼羅」、諸仏や菩薩の働きを示した「羯磨曼荼羅」で表す。

即身成仏
そくしんじょうぶつ

顕教では「三阿僧祇劫」と呼ばれる果てしない長時間をかけ、何度も輪廻しながら成仏を達成するのに対し、密教では現世で修行に打ち込めば、この身のままで生きたまま仏と一体化して究極の悟りを開いて仏になれると説く。空海は自身の著書『即身成仏義』で、宇宙を構成する六大と、それを具体的に示す四曼の理論を把握し、三密加持を実践すれば、大日如来と一体化して即身成仏できるという思想を展開している。

両部の大経

真言密教の教えのよりどころとなる根本経典で、『大日経』と『金剛頂経』の2つを指す。大日経は、正式には大毘盧遮那成仏神変加持経といい、胎蔵界曼荼羅を元に大日如来の真理と宇宙の構成について説く。金剛頂経は、金剛界曼荼羅を元に具体的な実践方法を体系的に説く。空海は、大日経に出合ったことから入唐を決意し、唐で両経典の正式な伝承者である恵果和尚から正式に灌頂を受け、密教の教えを授かった。

灌頂
かんじょう

師匠が弟子の頭頂に如来の五智を示す五瓶の水を注ぎ、真理の伝授を示す儀式。仏と縁を結ぶ結縁灌頂、修行を決意して弟子になる際の受明灌頂、密教の奥義を伝授されて正式な指導者である阿闍梨の位を授かる際の伝法灌頂などが受戒するときなどに行われる。結縁灌頂は誰でも受けることができ、目隠しをして曼荼羅の上に花弁を投げ、落ちた場所の仏と生涯縁が結ばれる「投華得仏」も行う。高野山の結縁灌頂は5月と10月に開催される。

阿字観
あじかん

真言密教における瞑想法であり、即身成仏を目指すための修法のひとつ。蓮華の上に満月を示す円と万物のもとを意味する梵字「阿」が描かれた掛け軸の前に坐って観想する。阿字を通じて、自身の根源である宇宙と、宇宙の真理の現れである大日如来との一体感を得る。阿字観の前に、呼吸を数える数息観、呼吸とともに「阿」を声に出して唱える阿息観、満月を示す円が描かれた掛け軸を前に、心のなかに月を観想する月輪観の習熟が必須。

真言八祖とは

真言宗で崇拝される8人の祖師を真言八祖という。
大日如来を第一祖とする「付法の八祖」と、
両部経典の継承に貢献した「伝持の八祖」がある。
ここでは伝持の八祖を紹介する

| 第一祖 | 龍猛 りゅうみょう | 金剛頂経系 |

南インドのバラモンの出自だが、インドの鉄塔の中で金剛薩埵から『金剛頂経』を授かり、密教の奥義を感得。大乗仏教の「空」の理論を大成した龍樹（ナーガールジュナ）と同一人物だという説もある。

| 第二祖 | 龍智 りゅうち | 金剛頂経系 |

南インドの僧で、龍猛に仕えて金剛頂経系の教えを授かる。神通力に優れ、700年の長寿であったという伝承がある。第三祖・金剛智のほか、第四祖・不空にも密教を説いたとされる。

| 第三祖 | 金剛智 こんごうち | 金剛頂経系 |

中インドの王家に出生し、10歳でナーランダ僧院にて出家。31歳で南インドにて龍智に師事し密教を学ぶ。スリランカを経由して海路で唐にわたり、長安や洛陽にて密教経典の漢訳に寄与。

| 第四祖 | 不空 ふくう | 金剛頂経系 |

北インド生まれ、長安育ち。金剛智に弟子入りして25年間仕えた後、インドやスリランカに経典を求めて旅する。『金剛頂経』を漢訳し玄宗皇帝をはじめ、粛宗皇帝、代宗皇帝に灌頂を授ける。

| 第五祖 | 善無畏 ぜんむい | 大日経系 |

東インドのマガダ国王。王位を捨て、ナーランダ僧院で出家してダルマグプタから密教を学ぶ。80歳で長安に入り、玄宗皇帝の深い信任を受けて『大日経』や『虚空蔵求聞持法』を翻訳。

| 第六祖 | 一行 いちぎょう | 大日経系 |

唐の鉅鹿に生まれる。勉学に優れた学問僧で、数学や天文学にも通じた。金剛智から『金剛頂経』を授かったほか、善無畏と共に『大日経』の翻訳に携わり、根本注釈である『大日経疏』を記した。

| 第七祖 | 恵果 けいか | 金剛頂経系・大日経系 |

長安生まれ。不空から金剛頂経系を、善無畏の弟子・玄超から大日経系の密教を学び、両系の正統伝承者となる。2つの教義を統合した第一人者で、唐きっての名僧として知られた。

| 第八祖 | 空海 くうかい | 金剛頂経系・大日経系 |

讃岐国生まれ。久米寺にて『大日経』に出合い、さらなる密教の真髄を求めて入唐。青龍寺にて恵果にその才を見初められ、わずか3カ月で正式な継承者として3つの灌頂を受けた。

護摩とは

清浄な炎で煩悩を焼き払う

密教で行われる修法で、バラモン教やヒンドゥー教の儀式が起源。護摩壇に据えた炉で火を焚き、清浄の場として仏を観想しながら供物や護摩木を投じて祈願する外護摩（げごま）と、自分自身を護摩壇に見立てて観想し、仏の智慧の火で煩悩や因縁を焼き払う内護摩（ないごま）がある。外護摩は、祈祷の目的によって方法が異なり、炉の形や色、行者が座る位置、着用する袈裟の色、護摩木の種類、時刻などがそれぞれ定められている。

息災法 そくさいほう	無病息災や開運厄災を祈願する。円形の炉を用い、白の僧衣を着用して北方に向かって行う。
増益法 ぞうやくほう	世俗の福徳繁栄を祈願する。方形の炉を用い、黄の僧衣を着用して東方に向かって行う。
敬愛法 きょうあいほう	平和円満や和合を祈願する。蓮華形の炉を用い、赤の僧衣を着用して西方に向かって行う。
調伏法 ちょうぶくほう	自他の煩悩や悪業を阻止する。三角形の炉を用い、黒の僧衣を着用して南方に向かって行う。

曼荼羅とは

密教の世界観を視覚化したもので、
『金剛頂経』が説く金剛界曼荼羅と『大日経』が説く胎蔵界曼荼羅がある

金剛界曼荼羅

こんごうかいまんだら

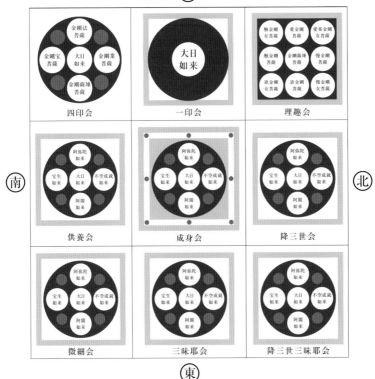

西

四印会　一印会　理趣会

南

供養会　成身会　降三世会

北

微細会　三昧耶会　降三世三昧耶会

東

悟りへの道筋を示す「金剛界曼荼羅」

　金剛頂経に基づく曼荼羅で、西を上に「会」と呼ばれる9つの区画から構成されるため、九会曼荼羅とも呼ばれる。

　大日如来を中心として1461尊の仏や菩薩が描かれていて、中央に成身会、その下に三昧耶会、そこから螺旋状の時計回りに「の」の字を描くように微細会、供養会、四印会、一印会、理趣会、降三世会、降三世三昧耶会が順に配される。

　成身会から降三世三昧耶会へは、仏が衆生を救う過程の向下門を、降三世会と向かう逆順は衆生が仏の智慧に触れて修業を重ねて悟りに至る過程の向上門を示す。根本となる成身会は、大日如来の智慧の世界を表す81尊の仏と菩薩、天からなり、最も重要な会だ。羯磨会、根本会とも呼ばれることもある。三昧耶会と降三世三昧耶会は、仏を象徴するシンボルである三昧耶（持物や印相）のみで描かれるのが特徴だ。

胎蔵界曼荼羅

たいぞうかいまんだら

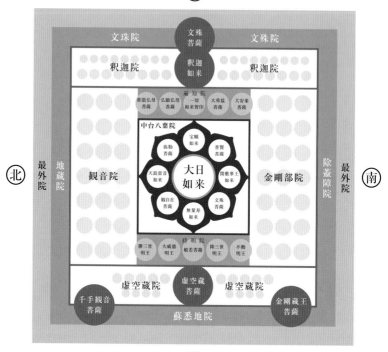

東

文珠院 ・ 文殊菩薩 ・ 文殊院

釈迦院 ・ 釈迦如来 ・ 釈迦院

遍知院
准胝仏母菩薩　仏眼仏母菩薩　一切如来智印　大勇猛菩薩　大安楽菩薩

中台八葉院
宝幢如来　普賢菩薩
弥勒菩薩　　開敷華王如来
天鼓雷音如来　　大日如来　　文殊菩薩
観自在菩薩　　無量寿如来

北　最外院　地蔵院　観音院　金剛部院　除蓋障院　最外院　南

持明院
勝三世明王　大威徳明王　般若菩薩　降三世明王　不動明王

虚空蔵院 ・ 虚空蔵菩薩 ・ 虚空蔵院
千手観音菩薩　　　金剛蔵王菩薩
蘇悉地院

西

慈悲の広がりを示す「胎蔵界曼荼羅」

　大日経に基づき、東を上に414尊の仏や菩薩を描いた曼荼羅。13の院で構成され、大日如来の慈悲と智慧が現実世界で放射状に実践され、伝わる様を示す。

　中央には蓮の花を模した中台八葉院がある。大日如来を囲むように宝幢如来、開敷華王如来、無量寿如来、天鼓雷音如来の四如来と、その間に普賢菩薩、文殊菩薩、観自在菩薩、弥勒菩薩の四菩薩が配される。この四如来四菩薩が八葉だ。

　中台八葉院の上下に遍知院と持明院、左右に金剛部院と観音院、さらに同心円状に順に上下に釈迦院と虚空蔵院、左右に地蔵院と除蓋障院、上下に文殊院と蘇悉地院が配されている。最外周は、仏法を護持する異教の神々である天によって構成された最外院で囲まれる。

　残る13番目の院は曼荼羅には描かれない四大護院で、東西南北の門を護る。

仏の尊格

仏とは、厳密には悟りを開いた如来のみを指すが、
絵図や像、信仰の対象としての尊格には、大きく分けて4つの階層がある

如来

仏教界最高位の仏

悟りを開いて真理に目覚めた最高位の存在で、三十二相八十種好（さんじゅうにそうはちじっしゅごう）と呼ばれる身体的特徴を持つ。大日如来とその四方の如来を五智如来という。釈迦がモデルで、裳と法衣のみをまとった質素な出家者の姿だが、宇宙そのものである大日如来のみ装身具をまとう。

菩薩

修行と救済に尽くす

悟りを求めて生きる者を意味する「菩提薩埵（ぼだいさった）」の略で、修行しながら衆生の救済に尽くす「上求菩提、下化衆生（じょうぐぼだい、げけしゅじょう）」を体現する存在。聖観音菩薩や弥勒菩薩などがいる。出家前に王子であった釈迦がモデルで、きらびやかな装身具や持物（じもつ）を身に着けた華やかな外観だ。

如来

菩薩

明王

天部

明王

邪悪を排し、衆生を叱咤激励

密教ならではの仏で、特に五大明王は大日如来を中心とする五智如来の化身として、仏法を妨げる者に立ち向かう仏。煩悩を焼き尽くす炎を背負った不動明王、阿弥陀如来の化身といわれ、6本の足を持つ大威徳明王などが存在する。

天部

仏教を守護する異教の神々

バラモン教やヒンドゥー教など、インドの異教の神々が仏教に帰依。仏法そのものを守護する護法神のほか、如来や菩薩を補佐し、仏教徒を外敵から守る役割を持つ。四天王、八部衆などのグループを作る天部の神もある。

密教の重要な尊格、五智如来とは

真言密教の中心尊格である大日如来と、
密教における4つの知恵を象徴する四つの如来。
総じて五智如来と称される、それぞれの如来を紹介する

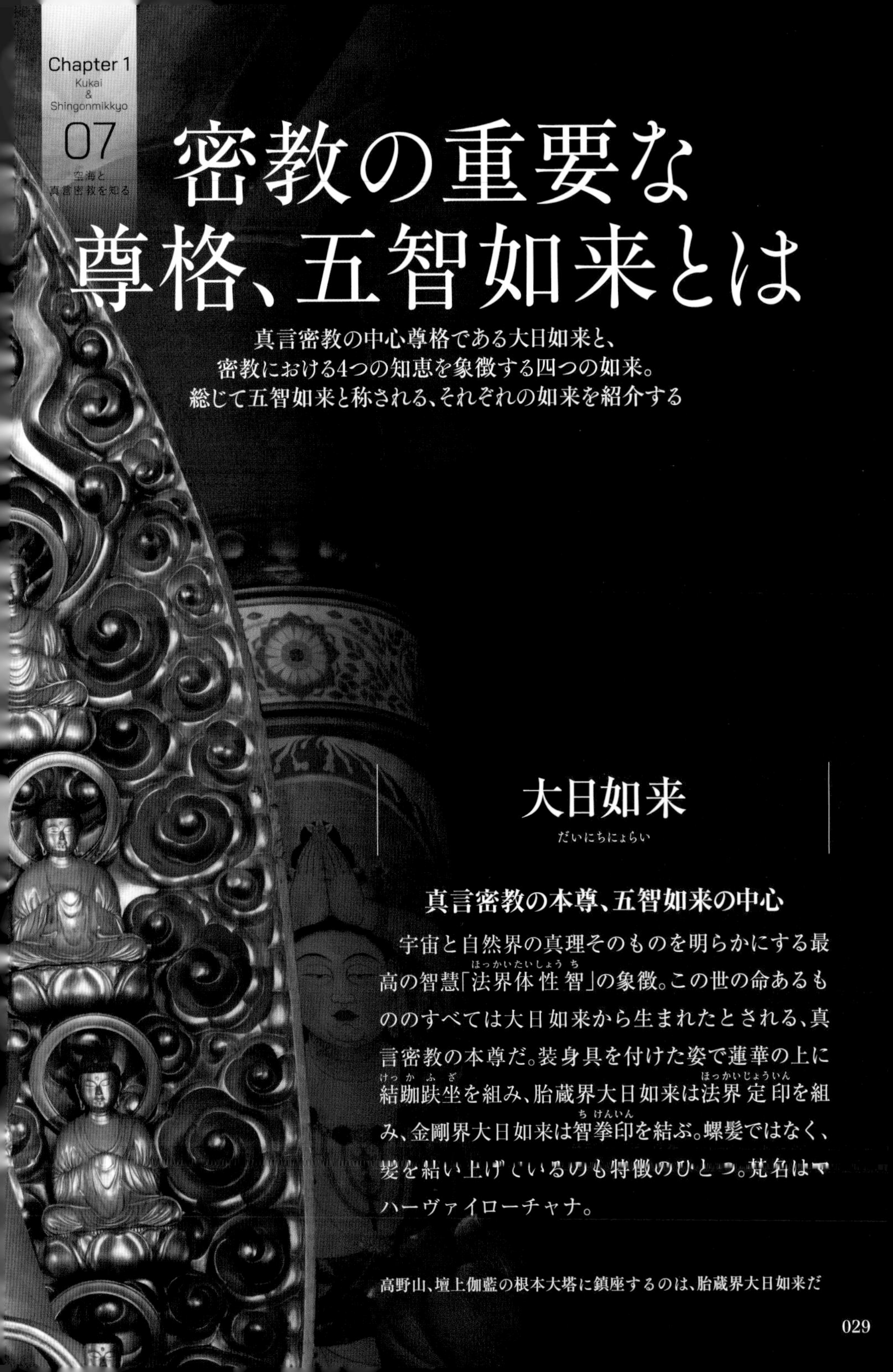

大日如来

だいにちにょらい

真言密教の本尊、五智如来の中心

宇宙と自然界の真理そのものを明らかにする最高の智慧「法界体性智」の象徴。この世の命あるもののすべては大日如来から生まれたとされる、真言密教の本尊だ。装身具を付けた姿で蓮華の上に結跏趺坐を組み、胎蔵界大日如来は法界定印を組み、金剛界大日如来は智拳印を結ぶ。螺髪ではなく、髪を結い上げているのも特徴のひとつ。梵名はヴァイローチャナ。

高野山、壇上伽藍の根本大塔に鎮座するのは、胎蔵界大日如来だ

大日如来を囲む四つの如来

大日如来を囲むように座する四つの如来は、それぞれ4つの知恵
「平等性智」「妙観察智」「大円鏡智」「成所作智」の意を示している。
高野山ではすべて根本大塔(P46)に鎮座する

南
宝生如来
ほうしょうにょらい

　全てのものが平等であると見通し、
己と自然の一体化を悟る智慧「平等
性 智」の象徴。またその名の通り、財
宝や福を与え、願いを聞き入れると
もいわれる。梵名はラトナサンバヴァ。

西
阿弥陀如来
あみだにょらい

　極楽浄土に住し、事実を正しくと
らえる心「妙観察智」を担う。西方極
楽浄土の教主として南無阿弥陀仏
を唱えた人を浄土へ導くともいわれ
る。無量寿如来、無量光如来と呼ばれ
ることも。梵名はアミターユス、アミ
ターバ。

東

阿閦如来

あしゅくにょらい

　すべてのものを鏡のようにありのままに映しだす智慧「大円鏡智」の象徴。物事に動じることなく、迷いを打破する心を与えるといわれる。不動如来とも呼ばれることも。梵名はアクショーブヤ。

北

不空成就如来

ふくうじょうじゅにょらい

　名前の由来には「空しからず」という意味があるといわれ、目的に向かって何事にもとわられず成すべきことを成す実践の智慧「成所作智」の象徴。梵名はアモーガシッヅィで、釈迦如来と同体とされる。

武装し、仏教を守護

古代インドの世界観において中心にそびえる聖なる山・須弥山。
その頂上に住む護法善神・帝釈天の配下で、インド神話の神々が四天王だ。
高野山では大門（P86）にて仏を守っている

東

持国天

じこくてん

　東方の勝身州を守護。革製の甲冑をまとって片手に刀や鉾を持った武将の姿で、邪鬼を踏みつけている。国を護り治める力を持つことから、国家安泰、天下泰平の神として知られる。梵名はドゥリタラーシュトゥラ。

南

増長天

ぞうちょうてん

　南方の瞻部州を守護。片手に、刃が股状に分かれた中国の武器・戟を振り上げ、片手を腰に当てた姿が一般的だ。梵名のヴィルーダカは、人々の幸福や徳を成長させるという意味を持ち、商売繁盛や開運出世の象徴だ。

する四天王

広目天
こうもくてん

　西方の牛貨州を守護。真実を見抜く特殊な力を持ち、あらゆるものを見通せる千里眼で世界を見渡し、手にした筆で、見たものを巻物に記録していく。革製の甲冑を身に着け、足元に邪鬼を踏みつけている。梵名はヴィルーパークシャ。

多聞天
たもんてん

　北方の倶盧州を守護。片手に宝棒や宝剣を、もう片手に宝塔を持つ。インド神話の財宝神・クベーラが前身で、七福神の1柱である毘沙門天としても知られる。戦勝の加護があるとして戦国武将に愛された。梵名はヴァイシュラヴァナ。

仏像が結ぶ
主な印相の意味

印相とは、仏像が結ぶ両手の指で真理を表すもので、印契とも呼ばれる。
合掌印、拳印、定印の3種類をベースに5指または10指を組み合わせた
多様な印相がある。それぞれの仏像の印相が表す意味を知ろう

合掌印
がっしょういん

両の掌を胸の前で合わせる。両指
を付ける堅実心合掌、両指間にふく
らみを持たせる虚心合掌、右手の指
を上に交互に指を組む金剛合掌が代
表的。

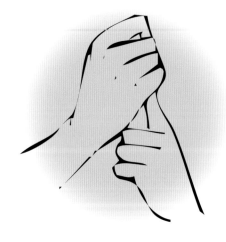

拳印
けんいん

拳を作る印相。片手で作る金剛拳や
蓮華拳、両手を組む外縛拳や内縛拳、
左手で蓮華拳、右手で金剛拳を作っ
て組み合わせる如来拳などがある。

定印
じょういん

両の掌を上に向けて重ね合わせ、瞑想で悟りの境地に入っていることを示す。胎蔵界曼荼羅の大日如来は親指の先を付けた法界定印を組む。

阿弥陀定印
あみだじょういん

親指と人差し指で輪を作り、他の指は伸ばして左手の上に右手を重ねる。両手の親指の先を合わせる。金剛界曼荼羅の阿弥陀如来が結ぶ印だ。

説法印
せっぽういん

親指と人差指で輪を作り胸の前に掲げる印相で、仏陀が弟子に説法をするさまを象徴している。転法輪印とも呼ばれる。

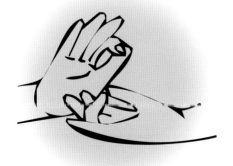

十指の意味

真言密教では、10本の指全てに悟りの内容を示す意味を持たせる。右手は親指から順に識、行、想、受、色、左手は空、風、火、水、地だ。

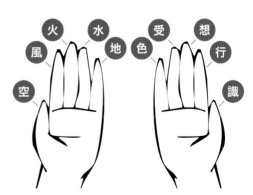

梵字の種類を知る

古代インドで生まれた梵字は、
梵語（サンスクリット語）を表記する道具や、
悟りの世界を表した神聖な文字として信仰の対象にもなっている。
どの仏を表すか知ることでより密教への理解が深まる

如来

金剛界
大日如来

こんごうかい
だいにちにょらい

バン

如来

胎蔵界
大日如来

たいぞうかい
だいにちにょらい

アーンク

如来

釈迦如来	阿弥陀如来	薬師如来	阿閦如来
しゃかにょらい	あみだにょらい	やくしにょらい	あしゅくにょらい

バク　　　　　キリーク　　　　　バイ　　　　　ウン

菩薩

観音菩薩	弥勒菩薩	普賢菩薩	文殊菩薩	地蔵菩薩	勢至菩薩	虚空蔵菩薩
かんのんぼさつ	みろくぼさつ	ふげんぼさつ	もんじゅぼさつ	じぞうぼさつ	せいしぼさつ	こくうぞうぼさつ

サ　　　　ユ　　　　アン　　　　マン　　　　カ　　　　サク　　　　タラーク

明王

不動明王	軍荼利明王
ふどうみょうおう	ぐんだりみょうおう

カーン　　　ウン

天部

梵天	帝釈天	広目天	持国天
ぼんてん	たいしゃくてん	こうもくてん	じこくてん

ボラ　　　イー　　　ビ　　　ヂリ

「弘法大師の道 プロジェクト」とは

真言密教の聖地を求めて、若き日の弘法大師が歩んだとされる険しい高野山の道のり。
2010年に始動した「弘法大師の道プロジェクト」ではその巡礼の道を再現している。

空海は、京の大学を中退して山岳修行の日々を送った際に高野山の地を見出したと、自身の著書『性霊集』に記している。「吉野より南に行くこと一日、更に西に向かって去ること両日」の記述を元に、「弘法大師の道プロジェクト」が若き日の空海の足取りを再現した。奈良県、和歌山県のほか高野山・金剛峯寺と吉野山・金峯山寺の両寺を中心に研究者を交えて実地調査を繰り返し、ついに約55kmのルートを特定した。吉野山から大天井ケ岳へ登りながら南下し、尾根伝いに南西に進んで天辻峠を経て高野山に至る険しいルートだ。トレイルランの大会も開催されている。

弘法大師の道トレイルランニング実行委員会
☎0744・48・3016 🏠奈良県橿原市常盤町605-5 奈良県橿原総合庁舎(奈良県奥大和地域活力推進課内)
🕐平日8:30〜17:15

高野山 探訪

弘法大師が真言密教修行の道場として
開創した高野山。
曼荼羅の世界を具現化した壇上伽藍、
真言密教の総本山である金剛峯寺、
そして弘法大師が入定する奥之院などその全容を紹介

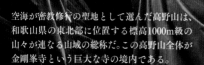

空海が密教修行の聖地として選んだ高野山は、
和歌山県の東北部に位置する標高1000m級の
山々が連なる山域の総称だ。この高野山全体が
金剛峯寺という巨大な寺の境内である。

まずは
高野山を知る

高野山に連なる8つの峰々は曼荼羅の世界そのもの。
高野山一帯は、山々に囲まれた東西約6km、南北約3kmにわたる広大な盆地だ。
周囲の山々を浄土の象徴である蓮華とその花びらに見立て、
内輪山を内八葉、外輪山を外八葉と呼ぶ

修行に最適な深山幽谷の霊場

古代インドでは、世界の中心には須弥山（しゅみせん）（スメール山）という聖なる山がそびえ、その上方の天に神々が住むという世界観があった。これは仏教、バラモン教、ジャイナ教、ヒンドゥ教に共通するものだ。仏教では更に、須弥山の周りを同心円状に内側から持双山（じそうせん）、持軸山（じじくせん）、担木山（たんぼくせん）、善見山（ぜんけんせん）、馬耳山（ばじせん）、象耳山（ぞうにせん）、尼民達羅山（じみんだつら）、鉄囲山（てっちせん）という円輪状の山で囲み、山々の間は大海に満たされているという「九山八海（くせんはっかい）」の世界観を持つ。

密教修行の理想の地を求めた空海は、転軸山、楊柳山などの峰々に囲まれた高野山の風景に須弥山の姿を重ね合わせたのだろう。また『大日経』や『金剛頂経』などの密教経典には、修行にふさわしい場所として「深い山の中の平坦な地」「花々が咲き乱れる地」「清らかな水が湧き出る地」「池沼のほとり」などと記されている。空海は、この原生林に囲まれた秘境を道場とすべく嵯峨天皇に願い出て、勅許を賜った。

高野山開創に ゆかりのある神社

弘法大師を高野山へと導いた神様、高野山の地を授けた神様を祀る2つの神社。
高野山参拝の際にはぜひ先に訪れておきたい場所だ

空海に高野山の土地を授けた神を祀る
丹生都比売神社
にうつひめじんじゃ

壮麗な彫刻と彩色の施された本殿四殿は、一間社春日造では日本一の規模。楼門とともに重要文化財に指定されている

　創建は1700年以上前にさかのぼり、丹生都比売大神を祀る社の総本社とされる。古来魔除けとされた「丹」を司り、応神天皇より社殿と紀伊山地北西部一帯を寄進された。元寇において神威を顕わし国難を救ったとして、紀伊國一之宮となる。

　高野山の開創縁起に、空海は丹生都比売大神の子である高野御子大神に導かれ、丹生都比売大神より神領の高野山を授かったとされる。以来、高野山の総鎮守となり、高野参詣の前に参拝するのが慣わしだ。神仏の融和する日本人の信仰観の源泉であり、今なおそのかたちを留めるとあって、世界遺産に登録されている。

　鏡池に架かる朱塗りの輪橋は、淀殿の寄進で、標高450mの天野の里山の風景に溶けこみ、四季折々に美しい表情を楽しませてくれる。

☎0736・26・0102 ⊕和歌山県伊都郡かつらぎ町上天野230 🕐休参拝自由

日本古来の神々へ敬意を示す

丹生官省符神社

にうかんしょうぶじんじゃ

社殿三棟は木造一間社春日造で、桧皮葺、極彩色北面で重要文化財に指定されている

空海が816(弘仁7)年に慈尊院を開いた際、ゆかりのある二柱の神への感謝を示し、守護神として創建した神社。

理想の密教修行の地を求めて各地を行脚していた空海は、大和国で1人の猟師と出会う。この猟師は狩場明神(高野御子大神)の化身で、白・黒2頭の犬を放って空海を高野山へ導いた。また、狩場明神の母神であり、高野山一帯の地主神でもある丹生明神(丹生都比売大神)から土地を授かったことから、高野山参道正面に丹生高野明神社と名付けて創建したものだ。

創建時は丹生明神と狩場明神の二神を祀っていたが、後に気比、厳島の二神が、さらに天照、八幡、春日の三神が加わり七社明神となった。

☎0736・54・2754 ⊞和歌山県伊都郡九度山町慈尊院835 営休参拝自由

山上に広がる聖地、壇上伽藍

壇上伽藍の敷地内には、数多くの堂塔がある。
大日如来が鎮座する根本大塔はもちろんのこと、
国宝のお堂などもあり、すべてじっくりと見ておきたい。
まずはマップでその全容を理解する

☎0736・56・2011（代）
🏠和歌山県伊都郡高野町高野山152

金剛峯寺 ➡

蛇腹路 ➡

N ▲

金堂前

① 根本大塔 P046 こんぽんだいとう	⑥ 准胝堂 P052 じゅんていどう	⑪ 愛染堂 P055 あいぜんどう
② 金堂 P048 こんどう	⑦ 孔雀堂 P053 くじゃくどう	⑫ 大会堂 P055 だいえどう
③ 西塔 P049 さいとう	⑧ 御社 P053 みやしろ	⑬ 三昧堂 P056 さんまいどう
④ 中門 P050 ちゅうもん	⑨ 六角経蔵 P054 ろっかくきょうぞう	⑭ 東塔 P056 とうとう
⑤ 御影堂 P052 みえどう	⑩ 不動堂 P054 ふどうとう	⑮ 三鈷の松 P056 さんこのまつ

⑯ 智泉廟 P057 ちせんびょう

⑰ 山王院 P057 さんのういん

⑱ 大塔の鐘・高野四郎 P057 だいとうのかね・こうやしろう

⑲ 蓮池 P057 はすいけ

胎蔵界曼荼羅を具現化

　高野山全体を金剛峯寺という寺院と見立てた場合、その境内地の中核をなすのが19棟の堂塔が並ぶ壇上伽藍だ。壇上とは、大日如来が鎮座する壇を意味し、伽藍とは、僧侶が集まって修行をする清浄な場所を指す。現在では、仏塔を中心とした寺院全体を伽藍と呼ぶ。壇上伽藍の広さは約5万5000㎡で、密教思想に基づき、胎蔵界曼荼羅の世界観を表すように堂塔が配置されている。空海は、高野山全体を両界曼荼羅に見立て、根本大塔と西塔を中心にした壇上伽藍と、それを取り囲む八葉蓮華の峰々で、大日如来そのものである密厳浄土をこの地に具現化したのだ。

　空海が壇上伽藍の開拓に着手したのは816（弘仁7）年で、完成を見ることなく入定したため、弟子たちに託された。完成したのは80〜90年後の寛平年間とされる。参拝は、高野山に伝わる『両壇遶堂次第』に則って時計回りに回るのが正式とされる。

壇上伽藍で拝観できる堂塔

壇上伽藍には弘法大師が開創した堂塔が集結。
それぞれの堂塔建立に込められた弘法大師の思いを感じながら拝観したい

| 001

根本大塔

こんぽんだいとう

map ①

火災や落雷で5回もの焼失の憂き目に遭うが、平清盛、豊臣秀吉、徳川家光などの時の権力者によって復興された

堂内全てが立体曼荼羅

　空海とその直弟子・真然の2代を費やして完成。真言密教の根本道場を象徴し、金剛界と胎蔵界は根本的にひとつであるという「金胎不二」を表している。本尊は金色に輝く胎蔵界大日如来で、周りを金剛界の四仏である阿閦如来、宝生如来、阿弥陀如来、不空成就如来の四像で囲む。その周囲には16本の柱を据え、それぞれに堂本印象 画伯による鮮やかな金剛界の十六大菩薩が、四面の壁には伝持の八祖像が描かれている。堂内の全てがきらびやかな色彩で紡ぎ出された、スペクタクルな三次元の曼荼羅ワールドで、その創造力と構築力から、空海の類まれな芸術センスが伺える。

　塔の高さは約48.5mという巨大なもので、下層が四角形で上層が円形の多宝塔としては日本初の建築物だ。その荘厳な姿は、見る者を圧倒する迫力だ。

☎8:30〜17:00 🈑無休 ¥中学生以上500円

047

002 | 金堂 | map

こんどう

平安時代半ばから、高野山の総本堂として重要な役割を果たしてきた金堂。
壁画には著名な画家による絵画が描かれている

毎年、5月の胎蔵界結縁灌頂、10月の金剛界結縁灌頂はこの金堂で執り行われる

高野山一山の総本堂

　開創当時は講堂と呼ばれ、平安時代半ばから総本堂として修正会や不断経などの主要な年中行事が執り行われている。

　現在の建物は7度目の再建で、1932（昭和7）年に関西近代建築の父と呼ばれる武田五一博士が手掛けた。本尊の阿閦如来（薬師如来）は、仏師・高村光雲の作。内陣には両界曼荼羅が奉祀されているが、かつては平清盛が奉祀したもので、清盛自身の血で採色したことから「血曼荼羅」と呼ばれる曼荼羅がかけられていた（現在は高野山霊宝館（P91）収蔵）。内壁は先進の日本画家・木村武山による『釈迦成道驚覚開示の図』や『八供養菩薩像』が描かれる。

🕐8:30〜17:00 🈚無休 💰中学生以上500円

西塔
さいとう

根本大塔と対をなして「法界体性塔」を表現する西塔。
本尊は金剛界大日如来が祀られ、立体曼荼羅の世界が表現されている

建設が遅れ、空海入定後の886(仁和2)年に、光孝天皇の御願によって建立が実現した

根本大塔と対をなす多宝塔

　空海が書き残した『御図記』に基づき、弟子の真然大徳が建立。根本大塔と二基一対の法界体性塔として、大日如来の密教世界を具現化する。根本大塔とは逆に、本尊は金剛界大日如来で、胎蔵界の四仏に囲まれる立体曼荼羅だ。開創当初の作とみられる本尊像は、現在は高野山霊宝館で拝観できる。塔内には本像を模した大日如来像が納められている。

　この建物の高さは27.27mと根本大塔に次ぐ高さの多宝塔で、幾度かの焼失ののち1834(天保5)年に再建されたもの。白木造りの落ち着いた外観に反して内部は極彩色の世界が広がり、柱や梁に精緻な意匠が施されている。

🈺🈡堂内は非公開

004

中門

ちゅうもん

map ④

鎌倉時代の建築形式で造られた中門は、壇上伽藍の結界に立つ威風堂々とした門。
ここから先に立体曼荼羅の世界が広がる

左上から時計回りに持国天、多聞天、広目天、増長天。
楼門には、四天王のうち二天を祀ることが多く、四天が
揃うのは珍しいという。

172年ぶりに蘇った伽藍の結界

　聖域である伽藍の結界として重要な楼
門。創建は819（弘仁10）年で、その後幾度
か再建されたが、1843（天保14）年の大火
で焼失後は礎石を残すのみとなった。高
野山開創1200年記念大法会を機にその前
年の2014（平成26）年に、172年ぶりに再建
を果たし、かつての姿を取り戻した。

　8代目となる現在の中門は、鎌倉時代の
形式を再現した五間二階の楼門で、高野
山で育った高野霊木を使用。高さ16m、東
西に25m、南北に15mという大きな門で、
18本の支柱は釘を用いずに自立している。
仏法の守護神である四天王を祀り、正面
にかつての火災で焼失を免れた持国天と
多聞天、その背後に仏師・松本明慶が新造
した増長天と広目天を安置する。

最古の創建の御社や、得度の儀式を行うために
空海自らが建立した准胝堂など、壇上伽藍内には
他にも見逃せない堂塔が集まる

005 御影堂
みえどう

map **5**

高野山の最重要聖域

空海の持仏堂として創建。後に弟子・真如直筆の「弘法大師御影像」を奉安して御影堂と名付けられた。堂内外陣には空海の十大弟子像が掲げられる。年に一度、御逮夜法会の後のみ、外陣への一般参拝が許されるようになった。

006 准胝堂
じゅんていどう

map **6**

空海造立の准胝観音像

空海が、得度の儀式を行うために自ら造立した准胝観音が本尊。准胝観音は創建当初は食堂に安置されていたが、973（天禄4）年頃にこの堂を構えて移動した。毎年7月1日に尊勝陀羅尼を唱えて罪過を懺悔する准胝堂陀羅尼会が営まれる。

007

孔雀堂
くじゃくどう

map **7**

祈雨修法の成就を記念

　祈雨や厄除けを修する孔雀明王を本
尊に祀る。後鳥羽上皇の御願を受けた
東寺の延杲が祈雨の修法を成就した功
績により、1200（正治2）年に建立。本尊
の孔雀明王像は快慶の作で、5度の大火
をまぬがれ、現在は高野山霊宝館（P91）
に収められている。

008

御社
みやしろ

map **8**

神仏習合思想の中心地

　高野山開創にあたって、空海が鎮守
のためにまず建立した神社。伽藍諸堂
の中でも最古の創建だ。3棟の社殿は一
宮、二宮、三宮と呼ばれ、それぞれ丹生
明神、高野明神、十二王子・百二十伴神
が祀られている。

009 六角経蔵

ろっかくきょうぞう

map ⑨

一切経を収めた経蔵

　鳥羽法皇の皇后・美福門院が、鳥羽法皇の菩提を弔うために1159（平治元）年に建立。経蔵には紺紙に金泥で浄写した一切経が収められ、建物外側の把手を1回転させると一切経を読経したのと同じ功徳があるとされる。

010 不動堂

ふどうどう

map ⑩

四方の形が異なる国宝

　鳥羽法皇の皇女・八條女院の発願を受け、行勝が一心院谷に建立。当初は阿弥陀堂だったとされるが、後に不動明王を本尊として運慶作の八大童子を収めた。建物四方の意匠は、4人の工匠がそれぞれ独自にデザインしたとされる。

011 愛染堂
あいぜんどう

map ⑪

天皇と等身の愛染明王像

　後醍醐天皇の命により、四海静平と玉体安穏を祈願するために1334（建武元）年に建立。本尊は愛染明王で、像の高さは後醍醐天皇と同じ身の丈だとされる。かつては「新学堂」とも呼ばれ、不断愛染護摩供や長日談義が行われた。

012 大会堂
だいえどう

map ⑫

大法会の集会所

　五辻斎院が、父・鳥羽法皇の追福のために1175（安元元）年に建立。のちに、西行の勧めで長日不断談義の学堂として壇上伽藍に移築され、蓮華乗院とも呼ばれた。現在は法会執行の際の集会所の役割を担っている。

013 ## 三昧堂
さんまいどう

map 13

理趣経修法を行じた御堂

　第6世座主・済高が929(延長7)年に総持院
境内に建立。済高が理趣三昧の儀式を執り行っ
ていたため、この名で呼ばれる。1177(治承元)
年に西行によって壇上伽藍に移築され、堂前
には西行手植えの桜「西行桜」がある。

014 ## 東塔
とうとう

map 14

尊勝仏頂尊を祀る多宝塔

　白河上皇の御願により、醍醐寺の勝覚が
1127(大治2)年に創建。本尊は上皇等身の尊
勝仏頂尊で、不動明王と降三世明王が脇侍
として祀られる。1843(天保14)年に焼失し、
1984(昭和59)年に再建された比較的新しい多
宝塔だ。

015 ## 三鈷の松
さんこのまつ

map 15

唐から投げた法具が飛来

　空海が唐から帰国する際、修禅にふさわし
い場所を占うために日本へ向けて法具・三鈷
杵を投げたところ、雲に乗って飛んでいった。
のちに、高野山を訪れた空海はこの松に引っ
かかっていた三鈷杵を見つけたという伝説が
ある。

016 智泉廟
ちせんびょう

早世した弟子・智泉の墓

　空海の甥であり、入唐にも従った十大弟子の1人でもある智泉の廟。智泉は幼少時から非常に優秀なことで知られ、弟子の中でも期待されていた人物だが、37歳という若さで没してしまう。嘆き悲しんだ空海によって築かれた。

017 山王院
さんのういん

高野山の氏神を祀る

　御社の手前に拝殿として建立。両側面向（りょうがわめんこう）拝付入母屋造り（はいつきいりもやづく）の建物で、地主の神を礼拝する場の意味がある。竪精論議（りっせいろんぎ）や御最勝講（みさいしょうこう）などの重要行事や問答が行われ、修行の成果や学問を奉納する場所だ。毎月16日には月次門徒・問講の法会が行われる。

018 大塔の鐘・高野四郎
だいとうのかね・こうやしろう

山内に時を知らせる鐘

　根本大塔の南に位置する鐘楼。空海が鋳造を発願し、真然の代で完成したと伝わる。現在の銅鐘は1347（天文16）年に完成した直径2.12mの大鐘で、当時の日本で4番目に大きいことから「高野四郎」と呼ばれる。

019 蓮池
はすいけ

鮮やかな朱塗りの太鼓橋

　中門のすぐ東に位置する池で木々が生い茂り、美しい風景が広がる。太鼓橋が掛けられた中央の小島には雨ごいの利益があるとされる善女龍王を祀った善女龍王社があるのでぜひ拝観を。

聖域中の聖域
奥之院へ

壇上伽藍と並ぶ高野山の二大聖地、奥之院は入り口の・の橋から、空海が入定している御廟までの約2kmの参道を中心とした一帯を指す。古来から多くの僧や参拝者が訪れた、弘法大師信仰の最大の霊場だ

奥之院
ルートマップ

弘法大師が入定する御廟まで続く約2kmの道のりには、
20万基を超える諸大名らの墓が点在。
参拝しながら、燈籠堂をめざそう

お盆に行われる「高野山ろうそくまつり」

石田三成
墓所

汗かき
地蔵

中の橋

上杉謙信・景勝霊屋

伊達政宗供養塔

姿見の
井戸

武田信玄・勝頼の墓碑

明智光秀
供養塔

N

一の橋

9 奥之院 弘法大師 御廟

燈籠堂 **7**

織田信長
墓所

)（御廟橋

6

豊臣家
墓所

8 頌徳殿

芭蕉句碑
1

英霊殿

高野山の信仰の中心

　高野山の信仰の中心である奥之院は、弘法大師が入定している御廟と、そこへ向かう参道の一帯だ。

　霊域の入り口となるのが御殿川にかかる一の橋だ。正式名称は大渡橋で、それを渡ると、杉木立の中に20万基を超す供養塔と墓石群が並ぶ参道がはじまる。途中には、金剛峯寺を菩提寺とする人々が眠る高野山中之橋霊園へと続く石畳の道があり、一帯は高野山森林公園として整備されている。続いて現れるのが、中間地点である中の橋だ。正式名称は手水橋で、かつての参拝者は橋の下を流れる「金の河」で身を清めたとされる。金は死の隠語で、三途の川を意味する。最後が御廟橋だ。裏に梵字が刻まれた橋板は36枚で、橋全体と合わせた37枚を金剛界の37尊と見立てている。ここから先は浄土の世界だ。橋を渡る前に服装を正し、清らかな心で足を踏み入れたい。石段を上がった先が、参拝者の祈りの場所である燈籠堂で、その奥に弘法大師の御廟がある。

奥之院
☎0736・56・2011（金剛峯寺）🏠和歌山県伊都郡高野町高野山550 ⏰8:00〜17:00（御供所）🈚無休 💰拝観無料

御廟へ続く
神聖なる道、参道

奥之院の参道には、全国の信者が植え続けてきた杉の老木がそびえ、
その間を埋め尽くすように20万基を超える供養塔と墓石群が並んでいる

石造の芸術が並ぶ道

　大杉林が続き、深閑とした参道には、巨木の間に「石の芸術」とも呼ばれる独特の祈念碑、慰霊碑の数々が並び、幽玄かつ荘厳な雰囲気を醸し出している。苔むした墓石や供養塔には、天皇家や貴族、名だたる武将や全国各地の大名、法然や親鸞といった高僧、他宗派信者や市井の一個人のほか、大火や震災の被災者を弔うものもある。天下の霊場として名を馳せる高野山では、誰もが平等に眠っているのだ。

001 芭蕉句碑　map 1

「ばせを翁 父母のしきりにこひし雉子の声」と刻まれた松尾芭蕉の句碑。芭蕉は伊勢神宮、吉野を経て高野山に参詣したといわれる。

002 石田三成 墓所　map 2

豊臣秀吉の近侍として仕えた石田三成の生前に建てられたと思われる墓所。慶長5（1600）年に関ケ原の戦いで破れ、処刑されている。

003 汗かき地蔵　map 3

表面につゆがつき、常に汗をかいているように見える地蔵。人々の身代わりとして罪業の責め苦を受けているとされている。

004 姿見の井戸　map 4

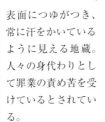

この井戸を覗き込んで自分の姿が映らなければ、3年以内に亡くなってしまうという言い伝えのある井戸。

005 明智光秀供養塔　map 5

本能寺の変で織田信長を討った明智光秀が、中の橋の右手前に眠る。五輪塔の中央の水輪は、何度建て直してもひびが入るという。

006 織田信長 墓所　map 6

五輪塔の墓で、江戸中期の建立と伝えられる。北側には信長の孫が藩主となった上野小幡藩織田家供養塔がある。

燈籠堂

とうろうどう

map ❼

内部には地下室があり、奉納された燈籠と「身代わり大師」と呼ばれる弘法大師像が並んでいる

入定中の空海を拝する、聖なる場所

空海入定の翌年、836（承和3）年に真然によって建立され、1023（治安3）年に藤原道長によって現在の規模に拡充された。薄暗い堂内には無数の燈籠が奉納され、堂の正面には1000年以上も燃え続けている「消えずの火」が2燈ある。1燈は祈親上人が高野山の復興を祈念して献灯した祈親燈で、お照という貧しい女性が大切な黒髪を切って金銭を工面して献じたという言い伝えから「貧女の一燈」とも呼ばれる。対してもう1燈は白河上皇が献じた白河燈で、「長者の万燈」とも呼ばれる。

☎0736・56・2011（代表）🏯和歌山県伊都郡高野町高野山550 🕕6:00〜17:00（1/1は24:00〜翌2:00、8/13は19:00〜21:00の間、再開扉）🈚無休 💴拝観無料

頌徳殿

map 8

ホッとひと息つける、聖域中のオアシス

1915（大正4）年に開創1100年の記念事業として建立。高野山では珍しい、大正時代の建築物だ。現在は参詣者の休憩所として開放されていて、お盆やGWなどには布教師による法話が不定期で行われる。湯沸かし場の大釜から汲んだ茶で喉を潤したら、居ずまいを正し、聖域へ向かう心の準備をしよう。

☎8:00～16:30（11～4月は8:30～16:00）　休無休
¥拝観無料

参拝の合間に訪れたい

御廟

map 9

生身供はまず嘗試地蔵（あじみじぞう）に供えられる

弘法大師信仰の中心聖地

空海は、今なおその肉身をこの世に留めながら、地下の石室で一切衆生を救うための深い禅定に入っているという。そのため、毎朝6時と10時30分には、生身供と呼ばれる食事が運ばれている。御廟は、石室とその上に建てられた五輪塔を護持するためのものだ。周囲は玉垣と千年杉で堅く守られている。撮影は禁止。

Chapter 3

The exploration
of Kongobuji

高野山真言宗の総本山・金剛峯寺

高野山真言宗の総本山である金剛峯寺。
鎌倉時代の風雅な和様建築を今に伝える寺内には、
歴史を重ねた数々の座敷や襖絵など見どころが多い

豊臣秀吉が建立した寺院が起源

　空海が『金剛峯楼閣一切瑜伽瑜祇経』という経典から名付けたと伝えられる、高野山真言宗3600寺の総本山だ。総本山金剛峯寺と称する場合は、一山境内地として高野山全体を指す。

　単体としての金剛峯寺は、豊臣秀吉が亡き母を供養するために木食応其に命じて1593（文禄2）年に建立した青巌寺が起源だ。のちに興山寺を統合して金剛峯寺と改称し、一山を代表するようになった。現在では、歴代高野山真言宗の管長を務め、山内最高位である座主の住坊でもある。

　4万8295坪という広大な敷地内には、主殿をはじめ様々な建物が並ぶ。最古の建築物である正門は、かつては天皇と皇族、高野山の重職僧侶のみが出入りを許されていて、現在でも僧侶は右側のくぐり戸から出入りしている。主殿は高野山最大の建築物で、有名絵師による華麗な襖絵や石庭、歴史上の人物にまつわる部屋などが残っている。

☎0736・56・2011 　和歌山県伊都郡高野町高野山132 　8.30－17.00 　無休 　1000円

この場所は、開山当時は空海の弟子・真然の住坊があったとされる。

Chapter 3
The exploration of
Kongobuji

01

高野山真言宗の
総本山
金剛峯寺

金剛峯寺の内部拝観ガイド

金剛峯寺は主殿をはじめとして
多くの建物から構成される。
主殿には高名な絵師らによる襖絵や
戦国武将が最期を迎えた
座敷などがあり、
歴史の息遣いが感じられる

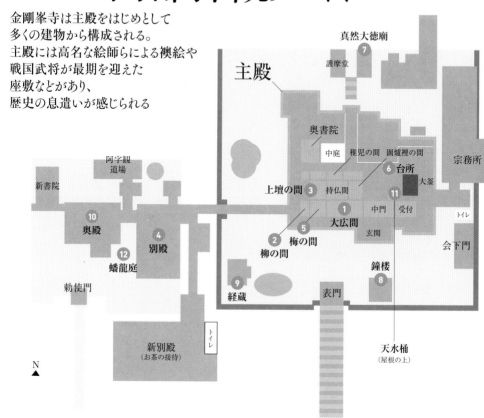

真然大徳廟　⑦

護摩堂

主殿

奥書院

阿字観
道場

中庭

稚児の間　囲爐裡の間

宗務所

新書院

上壇の間　③　持仏間

⑥　台所

大釜

⑩

① 大広間

中門　受付

トイレ

奥殿

⑤

⑤

④

② 梅の間

玄関

会下門

⑫

別殿

柳の間

蟠龍庭

勅使門

⑨

鐘楼

経蔵

⑧

表門

天水桶
（屋根の上）

新別殿
（お茶の接待）

トイレ

N

大玄関
おおげんかん

金剛峯寺の表玄関

　囲いのある入り口は大玄関と呼ばれ、正門同様に天皇や皇族、高野山重職だけが出入りを許された入り口だ。さらに先にある小玄関は、主に高野山 上 綱職が使用する。一般僧侶はかつては裏口を、現在は一般参詣口を使用する。

大広間
おおひろま

map ①

本山の重要儀式を執行する神聖な広間

　表門の真正面に位置し、常楽会や仏生会といった重要な儀式や法会が行われる場。

　襖いっぱいに描かれた躍動的な群鶴図や力強い松は、江戸の初期に活躍した雲谷等顔の弟子、斎藤等室の筆と伝えられている。正面奥にあるのは、一般家庭の仏間に相当する持仏間だ。持仏間の内部は本尊として弘法大師坐像が安置され、両側には梵天と帝釈天、それを囲むように歴代天皇御尊儀や歴代座主の位牌が祀られる。

斎藤等室は、雪舟の流れをくむ雲谷等顔(うんこくとうがん)に師事。美しい襖絵は必見だ。

柳の間
やなぎのま

map ②

武将が非業の死を遂げた部屋

　山本探斉による柳鷺図が描かれた座敷。1595(文禄4)年に豊臣秀吉の甥である一代目関白・秀次が自害したことから「秀次自刃の間」とも呼ばれる。秀次は謀反の疑いをかけられ、高野山に送られていた。

上壇の間
じょうだんのま

map ③

皇族専用の格式高い座敷

　天皇や上皇が参詣した際に応接間として使用された。天井は格式の高い折上式格天井、壁は総金箔という豪奢な書院造りだ。上壇の奥には、警護の者が隠れる「武者隠し」が設けられている。

005　　　　　map ❹

別殿
べつでん

空海の歩みを
描いた襖絵

　1934（昭和9）年に建てられた桃山様式の建築。南北に長い方形で、東西に各4部屋を配する。日本画家・守屋多々志が襖絵を手掛け、西側には四季の花鳥を、東側には空海入唐から高野山開創までの歩みが描かれている。

006　　　　　map ❺

梅の間
うめのま

梅月流水の
力強い襖絵

　大広間と同じく、斎藤等室によるダイナミックな襖絵が描かれた部屋。絵図が梅月流水であることから梅の間と呼ばれる。隣り合わせる大広間との欄干の精緻な彫刻や組子細工に目を奪われる。

台所
だいどころ

map **6**

2000人分の
米を炊く炊事場

　江戸時代以降、大勢の僧侶の食事を賄ってきた炊事場で現在も一部が使用されており、柱や梁は煤によって真っ黒だ。7斗(約98kg)の米を炊く大釜が3つあり、1度に二石(2000人分)を賄ったことから、二石釜と呼ばれる。

008

map **7**

真然大徳廟
しんぜんだいとくびょう

高野山を託された
弟子が眠る

　空海入定後にその意志を継いで伽藍を築いた弟子・真然が眠る御廟。当初は真然堂と呼ばれていたが、遺骨の収められた御舎利器が発見されたことから廟として祀られた。現在の建物は1640(寛永17)年に建立。

Chapter 3
The exploration of
Kongobuji

02

高野山真言宗の
総本山
金剛峯寺

まだある
金剛峯寺の見どころ

金剛峯寺の主殿周辺には、日本最大級の石庭である蟠龍庭や
賓客を迎える奥殿、屋根の上に設えられた天水桶などがある。
蟠龍庭や奥殿は、主殿や別殿から拝観しよう

001 　鐘楼
しょうろう

map 8

複雑な構造の鐘楼

　表門をくぐって右手にある鐘楼は、金剛峯寺の前身である青巌寺のものだ。大火で焼失後、1864（元治元）年に大主殿などの建物と一緒に再建されたと考えられている。桁行3間（約5.5m）、梁行2間（約3.6m）で袴腰付入母屋造の複雑な構造となっている。

　袴腰とは、鐘楼の1階部分を、下方に広がりを見せる袴のように板などで覆ってあることを意味し、重厚な雰囲気を漂わせている。その珍しい構造から、和歌山県の指定文化財となっている。

経蔵
きょうぞう

寺院の重要な経典を保管

　表門左手にある経蔵は、青巌寺時代の1679（延宝7）年に大阪天満の伊川屋から釈迦三尊とあわせて寄進されたものだ。経典などの重要物を保管するため、火災に備えて主殿とは離れた場所に建てられている。

奥殿
おくでん

名画伯の遺作が襖絵に残る建物

　蟠龍庭に守られるようにある奥殿は本山の貴賓室として1934（昭和9）年の弘法大師御入定1100年御遠忌の際に建立された。襖絵は石崎光瑤画伯の大作「雪山花信」で、ヒマラヤシャクナゲと雪山の風景が描かれている。（非公開）

天水桶
てんすいおけ

火災を防ぐための知恵

　主殿の屋根は、ヒノキの皮を何枚も重ねた檜皮葺で、上部に桶が備えられている。これは、普段から雨水を貯めておくもので、火災が発生したときに屋根に水をまいて湿らせ、火の粉による類焼を防ぐ役割を果たした。

Chapter 3
The exploration of
Kongobuji
02
高野山真言宗の
総本山
金剛峯寺

005
蟠龍庭
ばんりゅうてい

map 12

国内最大級の石庭

　2340平方mという広さを誇る石庭。雲海に見立てた
白砂の中で、雌雄一対の龍が向かい合って奥殿を護る
さまを岩で表現している。砂は京都の白川砂を、岩は
空海誕生の地である四国の花崗岩を使用している。

Chapter 3
The exploration of
Kongobuji

03

高野山真言宗の
総本山
金剛峯寺

高野山の年中行事

高野山では、年間40以上もの行事が執り行われる。
開催場所は山内さまざまだが、金剛峯寺が総本山として主催する

	1〜3日	修正会（しゅしょうえ）
1月	17日	阪神淡路（はんしんあわじ）物故者追悼法会（ぶっこしゃついとうほうえ）
2月	3日	節分会（せつぶんえ）
	14・15日	常楽会（じょうらくえ）
	21日	正御影供（しょうみえく）
3月	彼岸中日前後3日間	彼岸会（ひがんえ）
	吉日	法印転衣式（ほういんてんねしき）
	（旧暦3月21日）	旧正御影供（きゅうしょうみえく）
	8日	仏生会（ぶっしょうえ）
4月	10日	大曼荼羅供（だいまんだらく）
	21日	奥之院萬燈会（おくのいんまんどうえ）
	3〜5日（例年）	春季胎蔵界（しゅんきたいぞうかい）結縁灌頂（けちえんかんじょう）
	21日	墓所総供養（ぼしょそうくよう）奥之院大施餓鬼会（おくのいんだいせがきえ）
5月	第2日曜	戦没者慰霊法会（せんぼつしゃいれいほうえ）
	旧暦5月1・2日	山王院夏季祈り（さんのういんかきのり）
	旧暦5月3日	山王院堅精（さんのういんりっせい）

	旧暦6月9・10日	内談議（うちだんぎ）
6月	旧暦6月10・11日	御最勝講（みさいしょうこう）
	15日	宗祖降誕会（しゅうそごうたんえ）
7月	1日	准胝堂陀羅尼会（じゅんていどうだらにえ）
	15日	御国忌（みこき）
	7日から1週間	不断経（ふだんぎょう）
8月	11日	盂蘭盆会（うらぼんえ）
	13日	萬燈供養会（まんどうくようえ）
	11日	傳燈国師忌（でんとうこくしき）
9月	彼岸中日前後3日間	彼岸会（ひがんえ）
	彼岸中日	一座土砂加持法会（いちざどしゃかじほうえ）
	非公開	勧学会（かんがくえ）
10月	1〜3日	奥之院萬燈会（おくのいんまんどうえ）秋季金剛界（しゅんきこんごうかい）結縁灌頂（けちえんかんじょう）
	16日	明神社秋季大祭（みょうじんしゃしゅうきたいさい）
	27日	諡號奉讃会（しこうほうさんえ）
12月	31日	御幣納め（ごへいおさ）

1月 | 修正会
しゅしょうえ

1月1日〜3日（金堂・奥之院燈籠堂）
1月5日（根本大塔）

1年の息災を祈念する

　罪過を懺悔し、除災招福・五穀豊穣・国家安穏を祈る。現在は、正月に修する儀式であることから、修正会と呼ばれる。金堂では顕教の形式で、根本大塔では密教の形式で執り行われる。

2月 | 常楽会
じょうらくえ

2月14日・15日（金剛峯寺大広間）

声明で夜通し釈迦を偲ぶ

　釈迦の入滅を偲ぶもので、別名は涅槃会。経に節を付ける講式という声明を、涅槃講・羅漢講・遺跡講・舎利講の4つに分けて唱える。14日の午後11時から翌15日の昼頃にかけて営まれる。

4月 | 旧正御影供
きゅうしょうみえく

旧暦3月21日（奥之院燈籠堂・御影堂）

空海への謝恩法会

　空海の旧暦入定日の法会。空海の代理として導師を勤める法印御房が御輿に乗って出仕し、山内の住職と共に行道する。前日の「御逮夜」には、参詣者による献花と蝋燭で伽藍全体が埋め尽くされる。

Chapter 3
The exploration of
Kongobuji

03

高野山真言宗の
総本山
金剛峯寺

8月 | 不断経
ふだんぎょう

8月7日より1週間

1週間続く盆の風物詩

滅罪生善を祈願する盆の行
めつざいしょうぜん
事。経頭と呼ばれる僧を先頭に、
きょうとう
30人以上の僧侶が一列に並び、
理趣経に節をつけた声明を唱え
りしゅきょう
ながら金堂の内陣を回る。曼荼
羅の裏には、真然と釈迦如来の
軸が掛けられる。

9月 | 勧学会
かんがくえ

9月（勧学院・非公開）

僧侶のための研鑽行事

空海が経典の講義を行ったの
が発祥とされる、学問研鑽の行
事。高野山真言宗の僧侶たちが
全国から集まり、僧侶としての
作法やしきたり、各種経典や空
海の著作について問答を繰り広
げる。

3月 | 法印転衣式
ほういんてんねしき

3月吉日（金剛峯寺）

　空海に代わって、年中行事の長を1年間務める法印御坊（寺務検校執行法印）の就任式。当日は拝観が制限される。

4月 | 仏生会
ぶっしょうえ

4月8日（金剛峯寺大広間）

　一般的に「花祭り」として知られる、釈迦の生誕を祝う行事。釈迦の生涯を節に乗せた仏生会講式を唱える。

4月 | 大曼荼羅供
だいまんだらく

4月10日（金堂）

　両界曼荼羅を供養し、一切衆生に功徳を施す重要な法会。山内僧侶が大会堂から金堂まで行道（お練り）する。

5月 | 山王院竪精
さんのういんりっせい

旧暦5月3日（山王院）

　僧侶のための学道の儀式。当日18時から翌朝4時過ぎにかけて、地主神である明神の前で僧たちが密教問答を行う。

8月 | 萬燈供養会
まんどうくようえ

8月13日（燈籠堂、参道）（ろうそく祭り）

　奥之院の御霊と先祖を供養するお盆の送り火。一の橋から奥之院までの参道2kmを10万本以上のろうそくが照らす。

12月 | 御幣納め
ごへいおさめ

12月31日（龍光院〜御社）

　旧年中の無事を感謝する行事。空海の住房であった龍光院で作られた大きな御幣と松灯を、壇上伽藍の御社に奉納する。

Chapter 3
The exploration of
Kongobuji

05

高野山真言宗の
総本山
金剛峯寺

一度は体験したい
阿字観、写経、護摩行
授戒、精進料理

金剛峯寺をはじめとした高野山内の寺院では、写経や阿字観などの
真言密教の修行のほか、密教の伝統文化も体験できる

問い合わせ：金剛峯寺（→P66）

阿字観
あじかん

静まる心を五感で体感

　真言密教の瞑想法「阿字観」や、その入門となる「阿息観」で、呼吸と身体に意識を向け、心が静まる感覚を体験できる。金剛峯寺の阿字観道場では、4月中旬～11月中旬に週4回開催。

写経
しゃきょう

姿勢を正し、集中力を養う

　般若心経を書写する修行。口をすすいで香を焚き、合掌礼拝して真言を唱えるなどの作法の後、心を込めて丁寧に筆を動かして浄書する。高野山大師教会内・写経室では1日4回開催。

護摩行
ごまぎょう

火を用いる荘厳な儀式

　護摩壇に備えた炉の前で僧侶が護摩木を焚く護摩祈祷への参列が一般的だ。作法に則って護摩木を火に焚べながら真言を唱える、本格的な護摩行体験ができる寺院もある。

授戒
じゅかい

仏教の教えを授ける儀式

　菩薩十善戒(仏教徒として実践すべき身口意の教え)を阿闍梨から直接授かり、法話を受ける儀式だ。高野山大師教会・授戒堂で1日7回開催されていて、所要時間は30分ほどだ。

精進料理
しょうじんりょうり

仏教の戒律に基づいた料理

　宿坊寺院では、儀式の後などの宴席で供される「振舞料理」をベースにした伝統的な精進料理を味わえる。動物性食材を一切使用せず、バラエティーに富んだ調理法で楽しませてくれる。

ご縁をお持ち帰り！

高野山の御札と
お守り、御朱印

金剛峯寺と奥之院では、それぞれ御札とお守り、御朱印の授与を行っている。
それぞれの願いに合った御札やお守り、また参拝の記念に御朱印を授かりたい

金剛峯寺
こんごうぶじ
（データ→P67）

プレミアムな
限定御朱印

御朱印　300円

参拝受付の横の御朱印受付で
いただくことができる。令和5
年は弘法大師御誕生1250年の
限定御朱印となっている。

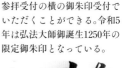

弘法大師を家に祀る

弘法大師御影　200円

弘法大師のお姿を描いた御影は厄除けの
祈願がされた御守り。家の中で大切に安置
したい。

弘法大師の教えをお守りに

共生 御守り　700円

「自然界に生を受けたものは人間、動物関
係なくすべてが仏様であり、皆が共に生命
を育むことが大切」という弘法大師の教え
を御守りに。弘法大師の御廟の屋根改築
の際に交換された檜皮を使用している。

奥之院

おくのいん

（データ→P59）

肌身離さず持ち歩きたい

開運厄除守り　700円

開運と厄除けの祈願がさ
れた御守り。青のほかに
朱色もある。金剛峯寺で
もいただくことができる。

家内安全や商売も祈願

開運厄除祈祷札　500円

祈祷札は奥之院御供所で
購入することができる。弘
法大師が御入定されてい
る聖地の開運厄除祈祷札
は特別感がある。

聖地でいただく御朱印

御朱印　300円

奥之院の御朱印は奥之院御供所でいただくことがで
きる。弘法大師が御入定されている聖地の御朱印は
特別感がある。

番外編

かわいい「こうやくん」グッズも！

こうやくん 缶バッジ　200円

金剛峯寺では、オリジナルキャラクター「こうやく
ん」のグッズを販売。出会った人をすべて笑顔にする
という特技を持つこうやくんは愛らしく、人気だ。

高野山を深く知り、もっと楽しむ

Chapter 4
Enjoy more
Koyasan

01

高野山を
深く知り、
もっと楽しむ

緑生い茂る高野七口を歩いて高野山へ

紀伊半島の各地から高野山へ向かうルートは幾本もある。
往時の旅人気分で、トレッキングを楽しみながら高野山へ向かうのもいい

高野七口とは

高野山へ向かう道には、高野山町石道、高野街道京大坂道、黒河道、大峰道、有田・龍神道、相ノ浦道、小辺路の7つの道があり、これを高野七口と呼ぶ。最も険しく難易度が高いのは小辺路だ。江戸時代に賑わった高野街道京大坂道は、現在は歩きやすい。

N ▲

❶ 高野街道 京大坂道
こうやかいどうきょうおおさかみち

京都市八幡を起点とする東高野街道、大阪市平野からの中高野街道、大阪市天王寺を起点とする下高野街道、堺市からの西高野街道が河内長野で合流して京大坂道に。

❷ 黒河道
くろこみち

奈良方面から奥之院へ至る道。豊臣秀吉が母・大政所の三回忌の時に高野山の戒律を破って能楽を催し、轟く雷に追われ山を下りた逸話が残る。

橋本市

紀ノ川

九度山町

❸ 大峰道
おおみねみち

高野山と修験道の行場大峰山を結ぶ道。昭和初期頃まで参詣者で賑わい、街道沿いには集落や旅籠の建物跡などが残り、当時の面影が偲ばれる。

かつらぎ町

女人道

❹ 町石道
ちょういしみち

九度山の慈尊院から奥之院へ通じる全長約24kmの代表的な参道。空海が高野山を開創したときに一町(約109m)ごとに木製の卒塔婆を建てたものを、鎌倉時代に石へと置き換えている。

高野町

❺ 有田・龍神道
ありた・りゅうじんみち

高野山大門より南へ下る道。花園で有田道と龍神道に分かれる。現在は花園から大門へ歩く道が一般的で、花園側の数kmは今もなお地道が残る。

紀美野町

❻ 相ノ浦道
あいのうらみち

高野山中心部から国道371号線沿いに西側尾根を下る、高野七口の中でも一番短い道。相ノ浦は織田信長の家臣、佐久間信盛が追放され住んだ場所と言われる。通行止めの場合もあるので注意。

❼ 小辺路
こへち

高野山と熊野を結ぶ熊野古道のひとつ。約80kmで伯母子峠(おばことうげ)、三浦峠、果無峠(はてなしとうげ)の3つの山越えをする長い道のりだ。

Chapter 4
Enjoy more
Koyasan

02

高野山を
深く知り、
もっと楽しむ

ここも訪れたい
高野山の名所と
その周辺

全国有数の仁王像が拝観できる大門や、女人堂、徳川家霊台など、
壇上伽藍や高野山周辺には他にも見どころが点在。ぜひこちらも訪れたい

	001	大門	

だいもん

1

真言密教聖地への入り口

　高野山の西の口にそびえる一山の総門。開創時は、
数百メートル下方の九十九折谷（つづらおりだに）に構えた鳥居を総門と
していたが、1141（永治元）年にこの位置に門が建てら
れた。門の左右には阿吽（あうん）2体の仁王像が安置されてい
て、門内に安置される像としては東大寺南大門などに
次ぐ我が国2番目の大きさの巨像として知られる。阿形
像は康意、吽形像は運長の作で、江戸中期に活躍した大
仏師だ。正面には「弘法大師は毎日御廟から姿を現し、
所々を巡って衆生を救う」という意味（ちゅうれん）の柱聯が掛かる。

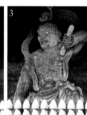

1. 現在の門は1705（宝永2）年の再建
で、当時は白木だったが1986（昭和
61）年の修理でかつての丹塗（にぬ）
りの姿が蘇った。2. 像高558cmの吽
形像。3. 像高546cmの阿形像。

🏠 和歌山県伊都郡高野町高野山
🕐🅟 拝観自由

002 女人道／女人堂

にょにんみち／にょにんどう

参詣者を迎える荘厳な表玄関

　高野山はかつて、女人結界が定められた修禅道場で、1872（明治5）年までは境内への女性の立ち入りが厳しく制限されていた。そのため、高野七口と呼ばれる各道の終点には女性のための参籠所・女人堂が設けられていた。女性たちはここで先祖の霊を弔い、自らも籠って参禅を行った。また少しでも弘法大師に近づきたい思いや、修禅を行ずる父親や夫、子供の姿を拝むために、女人堂を囲む道を巡り歩きながら高野山を一周したことから、女人道と呼ぶ。

1. 女人堂は7カ所あり、唯一現存する建物が不動坂口にある女人堂だ。向かいには、高野山最大の地蔵尊が祀られる。2. 摩尼山、楊柳山、転軸山を歩く巡礼の道、女人道への入り口。

☎0736・56・2011（代）　🏠和歌山県伊都郡高野町高野山709　🕐8:30〜16:00　🈴無休

Chapter 4
Enjoy more
Koyasan

02

高野山を
深く知り、
もっと楽しむ

003

慈尊院
じそんいん

空海の母公が滞在

高野山の麓にある寺で、元は法具や経典、物資を管理するための高野山政所として建立されたものだが、のちに「息子が開いた山を見たい」と香川県から訪れた空海の母親・玉依御前が滞在。空海は、母との面会で月に九度下山していたため、地名が九度山と呼ばれるようになったという説がある。昔は女人禁制だった高野山に代わり多くの人が訪れ、「女人高野」「女人結縁の寺」として今も親しまれる。

1. 2. 玉依御前は弥勒菩薩を信仰し、弥勒菩薩に化身したというい伝えからこの名が付いたという。本尊の弥勒仏坐像は21年に1度御開帳。3. 鬼子母神。4. 子宝、安産、乳がん平癒などを祈願するお乳型奉納絵馬。

☎ 0736・54・2214 住 和歌山県伊都郡九度山町慈尊院832 営 8:00〜17:00 休 無休

金をふんだんに使用した絢爛豪華な装飾は、日光東照宮を彷彿とさせる。内部は通常非公開だ

004 徳川家霊台
とくがわれいだい

徳川家光が父と祖父を弔う

　徳川家康、徳川秀忠の菩提を弔うために、1643（寛永20）年に三代将軍・家光によって大徳院の境内に建立された。大徳院は移転したため、現在は霊台だけが残されている。霊台は一重 宝 形造りで、写真手前が東 照 宮家康公霊屋、奥が台徳院秀忠公霊屋だ。内部は、立派な須弥壇と厨子があり、壁や天井は漆塗りに金箔の蒔絵が施された豪華なもので、江戸時代を代表する霊廟建築と言われる。

☎0736・56・2011（代）　🏠和歌山県伊都郡高野町大字高野山682　🕗8:30〜17:00　💴中学生以上¥200

Chapter 4
Enjoy more
Koyasan

03

高野山を
深く知り、
もっと楽しむ

貴重な文化財を収蔵する
高野山の文化施設

高野山に伝わる書物や美術品を収蔵する文化施設は、
国宝や重要文化財の宝庫。
参拝時にはぜひ訪れて、密教文化の極みに触れてみたい

001 高野山大学図書館
こうやさんだいがくとしょかん

1. 関西近代建築の父といわれた武田五一博士が設計した建物。レトロモダンな雰囲気の館内は静寂な雰囲
気だ。2. 1929(昭和4)年に完成した現在の建物は、国の登録有形文化財だ。高野山初の西洋建築物でもある。

国内外から研究者が訪れる知の拠点

高野山大学の附属図書館で、1898(明治31)
年に創設。密教・仏教・国文・歴史などの専門書
が30万冊以上揃った「高野山全山の図書館」
として国内外の研究者が足を運ぶ。蔵書のう
ち10万冊は、各地の寺院から寄託・寄贈された
江戸時代以前の貴重な古典籍で、中でも『大日
経』『金剛頂経』『蘇悉地経』の3点は国指定重要
文化財だ。図書の閲覧や貸出は大学関係者以
外へも開かれている。

☎0736・56・3835 ⊕和歌山県伊都郡高野
町高野山385 ⊛㊡HP(koyasan-u.ac.jp)
で要確認

高野山霊宝館

こうやさんれいほうかん

1. 京都出身の建築家・大江新太郎が手掛けた建物。日光東照宮の修復や明治神宮宝物殿建設にもあたった内務省技師だ。2. 生い茂る緑の木々に囲まれた外観。1998(平成10)年に登録有形文化財に指定されている。

国宝をはじめ文化遺産8万点を収蔵

高野山に伝えられている貴重な仏像・仏画・書・工芸品などの文化遺産を保護管理している博物館相当施設。国宝21件、重要文化財148件をはじめとした収蔵品は8万点にのぼる。1921(大正10)年に、宇治平等院を模して建造されたもので、木造の博物館建築物としては日本最古のものだ。正殿にあたる紫雲殿のほか、宝蔵、放光閣からなり、それぞれが廊下で結ばれている。

☎0736・56・2029 ⊕和歌山県伊都郡高野町高野山306 ⏰8:30〜17:30(11〜4月 〜17:00) ㊡年末年始 ㊅拝観料¥1300

Chapter 4
Enjoy more
Koyasan

04

高野山を
深く知り、
もっと楽しむ

宿坊体験で僧侶の日常を体感

高野山内には117の塔頭寺院があり、うち50寺が宿坊として宿泊できる。
寺ごとに特徴があるが、ここでは「恵光院」を一例として紹介する

1日目

🕑 14:30-

チェックイン

チェックイン後は、高野山の清水を沸かした大浴場でのんびり入浴したり、部屋で写経をしたり、庭園の景色を眺めたり。日常の喧騒から離れた、ゆっくりとした時間の流れを感じてみよう。

🕑 16:30-

阿字観

併設の阿字観道場で、密教の瞑想・阿字観を体験。僧侶が丁寧にレクチャーしてくれるので初心者でも安心して参加できる。呼吸を整え、心が休まる静かなひと時だ。時間は40分ほど。

🕑 17:30-

夕食

季節の野菜や海藻、豆類、山菜などを使用した、ヘルシーながらボリューム満点の精進料理。五法(調理法)・五味(味付)・五色(色彩バランス)を守り、器にも気を配られている。希望者は、食後に奥之院ナイトツアーも開催(有料・要予約)。

高野山 宿坊
恵光院
こうやさんえこういん

☎ 0736・56・2514
🏠 和歌山県伊都郡高野町高野山497
¥ ¥20,000〜

2日目

♪ 7:00-
朝勤行
あさごんぎょう

朝の清らかな空気の中で、本尊の阿弥陀如来、不動明王、弘法大師と両界曼荼羅に向かって読経や回向、礼拝を行う。ろうそくの灯が揺らめく神秘的な空間で、僧侶たちの読経の声が荘厳に響く。

↑ 7:30-
護摩祈祷

朝勤行に続いて、毘沙門堂での護摩祈祷に参加。恵光院では「即座護摩」の修法が行われる。供物を焼き、その香りを天に届けることで、家内安全、商売繁盛、身体健全などを祈る。

♪ 8:00-
朝食

勤行と護摩祈祷で心身を清めた後は、自然素材をたっぷり使った、滋味豊かな精進料理の和朝食。素材の味わいを満喫できる、心にも体にもやさしい食事だ。新たな気持で一日をスタートしよう。

※写真は特別精進料理の朝食

駅舎に宿泊し、
高野山参拝へ

「駅に泊まる」というユニークな発想で旅行ファンに評判のホテル。
早朝の神秘的な奥之院や壇上伽藍を訪れたい人にはおすすめだ

NIPPONIA HOTEL 高野山
参詣鉄道

ニッポニア ホテル こうやさん さんけいてつどう

1. レトロな看板も魅力だ。2. 改札内にあり、客室にいても駅の構内放送や電車の音がリアルに楽しめる。3. ダブルベッドを2台配した客室「高野」は44㎡の広々とした空間が魅力。当時のままの柱や扉などがそのまま残る。4名まで利用可能。4. 乗務員の待機所スペースをリフォームしたコンパクトな2人部屋の「天空」5. どこか懐かしい雰囲気の高野下駅にあるホテル。

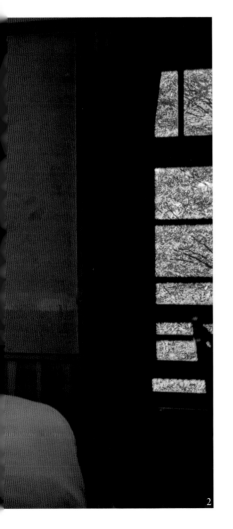

駅ナカに泊まる!? ユニークなホテル

　高野山をゆっくり参拝するなら宿坊体験もおすすめだが、ユニークな趣向のホテルに滞在するのも楽しい。

「NIPPONIA HOTEL 高野山 参詣鉄道」は南海鉄道電鉄の古い駅舎をリノベーションしたホテル。改札を抜けて10～20歩足らずで着く、駅ナカホテルだ。客室は乗務員が泊まり込む宿直室の2部屋をリニューアル。壁紙や床は張り替えられ、ナチュラルで上品な空間だ。また実際に電車で使われていた扉や網棚、座席などのパーツがインテリアとして配され、電車ファンならずとも思わずワクワクする雰囲気。部屋の窓からは、のんびりと走る電車の姿も見られる。宿泊客には、高野下駅と九度山駅の往復乗車券と、九度山駅にある「おむすびスタンドくど」の無料朝食チケットがついてくる。ゆっくりと休んでしっかりと腹ごしらえをしてから、高野山の参詣へと繰り出したい。

🏠和歌山県伊都郡九度山町大字椎出8-1 高野下駅内
https://nipponia-koyasan.jp

Chapter 5

Worship and enjoy experience, sightseeing & gourmet

参拝とともに楽しみたい観光&グルメ

高野山の自然・文化を体験

高野山の雄大な自然を五感で感じたり、歴史や文化を深く知る体験を満喫。おみやげにぴったりの手作り体験も充実

専門のセラピーガイドが森の中を案内してくれる。所要時間は約6時間

001 高野山で体験する 高野山森林セラピー 体験ツアー

悠久の時間に抱かれて森林浴

　1200年もの昔から譲り受け継がれてきた高野山の森林。その豊かな自然を五感で感じながら、森の中を散策するのが『高野「めざめの森」づくり実行委員会』が開催する森林セラピー体験ツアーだ。奥之院一の橋案内所をスタートし、参道で歴史に触れる。生い茂る木々の生命力を体感した後は、地産地消の精進ランチに舌鼓。

　ランチの後はハンモックに揺られながら休息や森林浴を楽しむのがおすすめ。森の中でゆっくりと過ごす時間は、何物にも代えがたい特別なひとときだ。また森林の中で真言宗の瞑想法である阿字観が体験できるプラン、視覚や聴覚などの五感に特化した内容のセラピープランもある。

高野「めざめの森」づくり実行委員会
（問合せ先：高野山寺領森林組合）
☎0736-56-2828 ⊕和歌山県伊都郡高野町高野山45-17 ⏰催行時間4〜11月の9:30〜15:00頃
¥4,000〜（プランにより異なる）詳細はHPを参照
（www.forest-koya.com）

高野山町石道語り部の会

語り部の説明に耳を傾ける参加者たち。
個性豊かでわかりやすい語り部の話を聞きながら、弘法大師の教えを学び見聞を広めたい

語り部とともに歩き、見聞を深める

歴史と文化を語り継ぎ、人々に感動と教えを伝える「石道語り部の会」は高野山の町石道をはじめとする参詣道ガイド活動を行っている。

現在、「道」として世界遺産に登録されているのはスペインの巡礼の道と、弘法大師空海が切り開いた修行の道であり、いずれも歩きがいのある道のり。その貴重な世界遺産を語り部とともに歩き、歴史や弘法大師空海についての話を聞きながら歩く高野山町石道は約20km、ウオーキング時間は約7～9時間。語り部は1名につき15名まで案内が可能なので、仲間や家族と一緒に体験することもできる。

高野山町石道語り部の会
☎ 0736・54・2019 (九度山町役場 産業振興課内)
⊕ 和歌山県伊都郡九度山町九度山1190 ⊗ 問合せ
8:30～17:15 ⊗ 受付休日／土・日曜、祝日 ⊛ 語り部1
人¥5,000～(案内区間による)

Chapter 5
Worship and
enjoy experience,
sightseeing &
gourmet

01

参拝とともに
楽しみたい
観光＆グルメ

003

紀州高野山横笛の会 リトリート

密教文化を通して心身を浄化

　リトリートとは、日帰りおよび宿泊型修行体験のこと。忙しい日常を離れ、心を癒やす体験を通して自分自身と向き合う時間だ。地域おこし協力隊から始まった「紀州高野山横笛の会」のリトリート体験では、1人ではなかなか行くことができない高野山の神社仏閣や周辺スポットへの同行、お茶席の体験、ワークショップ、無農薬野菜を使った一汁一菜の精進料理づくりなど普段できない体験を通して、心身の浄化を行うことができる。

　リトリートは夏が定番だが、秋には紅葉の中で音楽やトークを聞きながら祈りを捧げるイベントを開催。厳寒の冬はまた修行の地ならではの魅力を体感でき、海外からも多くの観光客に評判を呼んでいる。

紀州高野山横笛の会
☎ 090・8110・3858 ⊕ 和歌山県伊都郡高野町高野山26-10-304(事務室) ⊙ 9:00〜18:00 ♪ リトリート半日￥5,000、1日￥10,000(宿泊代は別途)

1. 高野版印刷体験や色紙づくり体験を通して気づきが生まれる。
2. 食事をしながら語り合うことで、自分の深部と向き合う。3. 香の護符おまもりづくり体験も楽しい。

高野山奥之院
ナイトツアー

闇夜に包まれた夜の奥之院を散策

　木漏れ日が差し込む昼間の奥之院も趣があるが、常夜燈に照らされた夜の奥之院もまた幻想的ですばらしい。そんな夜の奥之院を参詣する奥之院ナイトツアーが評判を呼んでいる。

　ツアーは高野山の寺院で得度し、案内人免許を持つ経験豊富なガイドとともに約1時間半散策。弘法大師空海の話や真言密教について、また参道に並ぶ墓碑の説明や奥之院に伝わる不思議な伝説などに耳を傾けながら歩く体験は、他では経験できない。

　また高野山の歴史や、僧侶の普段の生活の話なども興味深い。運がよければムササビやフクロウ、コウモリ、ホタルを見ることもできる。

1. 漆黒の闇が広がる高野山奥之院の参道を、作務衣を着たツアーガイドとともに散策する。2.3.ツアーはほぼ毎晩催行。門限などがある宿坊に宿泊の場合は参加できないこともあるので、事前に確認しておきたい。

☎090・2106・1146 ⊕和歌山県伊都郡高野町高野山734（事務所）／和歌山県伊都郡高野町高野山497（ツアー集合場所）⊛ 年末年始（ほぼ毎日開催）☺催行時間19:00〜20:20 ¥3,150（令和5年時点料金、予約はHP：night.koyasan-okunoin.com）から※要予約

Chapter 5
Worship and
enjoy experience,
sightseeing &
gourmet

01
参拝とともに
楽しみたい
観光＆グルメ

005
紀州高野紙伝承体験
資料館「紙遊苑」
きしゅうこうやがみでんしょうたいけんしりょうかん「しゆうえん」

弘法大師が技術を伝承した高野紙

九度山町と高野町に古くから伝わる高野紙の伝統と文化、技術を伝える体験資料館。紙漉きの技術は大切に守られ、他の村へは伝えない定めがあったといわれる。厚手で丈夫な高野紙は、傘や障子紙、提灯に張る紙などとして利用されていたという。館内には高野紙を漉いていた時代の作業風景のジオラマがあり、紙漉きが栄えていた時代を再現。また和紙で作られた凧など、和紙に関する多彩な資料が展示されているのも興味深い。

人気の紙漉き体験では、トロロアオイの粘液抽出や楮の樹皮剥離なども行う、本格的な紙漉き体験ができる。完成品は乾燥させた後、郵送してくれる。手作りの和紙は手触りも風合いもよく、自分で作ったとなればひとときわ感慨深いものだ。紙漉き体験には入門コースと丸一日本格体験コースがあり、いずれも予約が必要。タオルと前掛けは持参を。

1. 高野紙（古沢紙）の紙漉き体験を楽しむことができる。2. 初夏を迎えると、花菖蒲が色鮮やかに咲き誇る資料館の庭園。3. 高野山町石道内（P85）にある施設はもともと隣接する勝利寺の庫裏だったもの。

☎0736・54・3484 ⊕和歌山県伊都郡九度山町慈尊院749-6 ⊙9:00～16:30 ㉡月・火（祝日の場合は開苑）、年末年始 ❀はがき大（3枚1組）¥300、1日体験¥5,000ほか。要予約。

香のお守りづくり 体験

自然の香りをお守りや宝珠に

地域おこし協力隊から派生した「紀州高野山横笛の会」が主催。高野山の僧侶が指導し、高野槇やヒノキ、アスナロ、クロモジ、柑橘系などの日本産のアロマオイルを使って、宝珠に香りをつける体験ができる。それぞれの個性的なアロマを体感したり、ブレンドして好きな香りを作り出すのも楽しい。また粘土や木材などさまざまな材料を使ってオリジナルで造形し、仕上げに香りを調合する体験も評判。それぞれの芳香を楽しみつつ、自分好みにブレンドした香りを作るのも楽しいものだ。さらに護摩祈祷で用いられる沈香や白檀、丁子など7種類の香木

片をブレンドして護符お守りを作るワークショップでは、香りに包まれて瞑想やヨーガも体験。高野山参拝の記念にぴったりだ。

1. レクチャーを受け、オリジナルのお守りづくりを体験。
2. 3. 沈香や白檀など普段なかなかかぐことのない高貴な香りを使うお守りは女性を中心に人気。高野山参拝の思い出にもなる。4. 梵字が入った護符お守りの数々。

紀州高野山横笛の会
☎090・8110・3858 ⊕和歌山県伊都郡高野町高野山 26-10-304(事務室) ⏰9:00〜18:00 ❻無休 ¥セット¥4,000

Chapter 5
Worship and
enjoy experience,
sightseeing &
gourmet

02

参拝とともに
楽しみたい
観光＆グルメ

高野山周辺の観光スポット

歴史的なスポットや、最新のVR技術で高野山を紹介する
ミュージアムなどを訪れて、もっと旅を楽しもう

001

門農園
かどのうえん

ジューシーで新鮮なぶどうを堪能

高野町に隣接し、なだらかな丘陵地帯が広がるかつらぎ町は昔からフルーツ栽培が盛んな地域として有名。ぶどうや桃、いちごなど一年を通してさまざまな果物が栽培されている。果樹園も多く点在、なかでも「門農園」では、夏は有機肥料、減農薬で育てたピオーネのぶどう狩りが楽しめるとあって多くの観光客で賑わう人気の農園だ。時間無制限で、ゆっくりとぶどう狩りが楽しめるのが嬉しい。併設する直売所では、とれたての新鮮なぶどうを販売。

みずみずしく果汁がたっぷりのぶどうは高野山のおみやげにも最適だ。また秋から冬にかけては、かつらぎ町の名物である柿や、干し柿チップの直売も行っている。

1. ピオーネや藤稔（ふじみのり）、シャインマスカットなど6種類のぶどうを栽培。太陽の光をたっぷりと浴びて育つ。2. 一つ一つ丁寧に育てるぶどうはいずれも粒が大きくジューシーだ。3. 刀根早生柿を厚くスライスしてじっくりと天日で乾燥させた干し柿チップ。噛めば噛むほど甘味がじんわり。

📞 070・8986・2329 📍 和歌山県伊都郡かつらぎ町笠田東1237 🕘 9:00～17:00 ⓗ ぶどう狩り期間は無休 ¥ 中学生以上￥1,500ほか
www.instagram.com/kado.nouen/

旧萱野家
きゅうかやのけ

県内では数少ない、現存の「高野山里坊」。門、主屋、土蔵は町指定文化財になっている

障害者を支援した大石順教尼を紹介

江戸時代中期に高野山真蔵院の里坊（不動院）として建立された歴史ある建物。里坊とは山寺の僧の住まいで、大石順教尼がしばしば滞在したことから、現在は記念館として一般に開放され、九度山町の文化財にも指定されている。

大石順教尼は1905（明治38）年に起こった「堀江六人斬り事件」で両腕を失って以来、筆を口に加えて描く書画の道に入り、その後、高野山天徳院金山大僧正を師として得度。後年は身体障がい者の支援に心血を注ぎ、自分の人生も謳歌したといわれる。館内には大石順教尼が若い頃から描いた書画の作品が多数残されており、1年を通して常設展が行われ、鑑賞することができる。

☎ 0736・54・2411 ⊕ 和歌山県伊都郡九度山町九度山1327 ⏰ 10:00～16:30（入場は～16:00）⊗ 月・火（祝日の場合は翌平日）⊛ 無料

Chapter 5
Worship and
enjoy experience,
sightseeing &
gourmet

02
参拝とともに
楽しみたい
観光＆グルメ

003

高野山デジタル ミュージアム

こうやさんデジタルミュージアム

1
2
3

VRコンテンツ「高野山壇上伽藍―地上の曼陀羅」
製作協力：高野山真言宗 総本山金剛峯寺　製作著作：TOPPAN株式会社 ©TOPPAN Inc.

VRシアターで高野山の魅力を満喫

「心の解放の旅への入り口」をコンセプトに、高野山の豊富な文化資源の魅力や価値を伝える文化複合施設。VRシアターでは、専属ナビゲーターがコントローラーを操作して弘法大師空海の思いや歴史的建造物を紹介。一般公開されていない西塔内部や、屋根を外して天井から鑑賞するなど、VRならではの視点を駆使し、圧倒的な没入感と臨場感あふれる映像が楽しめる。また館内には猿田彦珈琲プロデュースの「高野山ブレンド」が楽しめる「高野山 café 雫」もあり、左官職人の久住有生氏が手掛けるオリジナルアート作品を楽しみながら、和歌山の富有柿（ふゆうがき）や山椒が隠し味の高野山精進カレー、地域生産者や事業者の食を取り入れたフード＆スイーツメニューも味わえる。

4
5

1. 250インチの大スクリーンと7.1chサラウンドのシアター。2. 地元食材使用の精進カレー。3. 金剛峯寺のキャラクター、こうやくんをかたどった最中皮にトッピングできる「自分で作るこうやくん最中」。4. 壇上伽藍に近接する施設。5. オリジナル商品のほか高野山のおみやげも充実。

☎0736・26・8571　🏠和歌山県伊都郡高野町高野山360　🕙10:00〜17:00　🈺冬期不定休（VRシアターは毎月最終月曜休演）💴VRシアター鑑賞料 高校生以上¥1,000ほか

高野口パイル織物
資料館

こうやぐちパイルおりものしりょうかん

世界に誇るパイル織物の資料を展示

高野山の玄関口である高野口町とその周辺は、昔から織物産業が盛んに行われ、生地の表面が柔らかい毛(パイル糸)で覆われたパイル織(編)物に特化した地域だ。これらパイル織物の歴史や形態を広めるために作られたのが「高野口パイル織物資料館」。レトロな雰囲気が漂う館内には、さまざまなパイル製品を展示。また一度織り上げた生地を切断し、再び織る再織も紹介。天皇陛下に献上した一品も飾られ、パイル織物の制作過程に合わせて使われる再織手織機や特殊な断裁機なども展示されている。なかでも戦前からの貴重な生地や資料は珍しく、ぜひ見ておきたい。事前に予約すれば、再織体験も楽しめる。

1.2.パイル織物誕生110周年記念事業として1986(昭和61)年に開館した資料館。レトロな雰囲気が漂う。3.生産されたパイル生地を使った見本作品、織機などを展示している。

☎0736・42・3113 ⊕和歌山県橋本市高野口町名倉1067 ⏰8:30〜17:30 ❻土・日曜、祝日、お盆、年末年始 ❻見学無料、体験は¥2,000+材料費¥500〜

Chapter 5

Worship and
enjoy experience,
sightseeing &
gourmet

03

参拝とともに
楽しみたい
観光＆グルメ

高野山で
美味を楽しむ

高野山周辺には、地元の食材やこだわりの素材を使ったグルメスポットが充実。
個性豊かな料理やとっておきの一杯を楽しみたい

001
角濱ごまとうふ総本舗
大門店

かどはまごまとうふそうほんぽ だいもんてん

1. 金剛懐石¥1900。ワンプレートでさまざまなごまとうふやがんもどき、焼き豆腐などの豆腐料理が楽しめる。2. 日差しが降り注ぐゆったりとした空間で料理が味わえる。3. 大門にほど近い、古風な建物。

栄養満点のごま豆腐を多彩な料理で

精進料理のなかでも貴重なたんぱく源として今に受け継がれる、ごまとうふが味わえる店。材料のひとつであるごまは、契約農家が農薬を使わずに育てたもののみを使用。加工でん粉などの食品添加物は一切使用せず、体に優しい一品が評判を呼んでいる。自家製の生ごまとうふをお造りや天ぷら、木の芽味噌などに仕立て、ワンプレートで楽しめる角濱ごま豆腐金剛懐石はおすすめ。また胎蔵界曼荼羅中央の中大八葉院を模した器に、味が異なるごまとうふを並べた角濱ごま豆腐胎蔵懐石など、アイデア光るメニューも人気だ。抹茶風味のごまとうふとあんが絶妙なごまとうふ善哉もティータイムにぴったり。ごまとうふは販売もしているので、おみやげにも最適だ。

☎ 0736・26・8700 ⊕ 和歌山県伊都郡高野町高野山230 ⊗ 9:30〜17:00 ⊗ 不定休

すずめのかくれんぼ

元気どりを使ったねぎまなどの串焼きをはじめ、新鮮な魚介の刺し身、釜飯などのメニューが揃う。
他にも揚げ物やサラダ、前菜など料理は多種多彩。お酒も種類豊富だ

ホッとできる高野山のダイニング

　古民家風の落ち着いた雰囲気の店内で地産地消を中心とした備長炭串焼きのメニューが楽しめる店。梅酢で育てた健康な紀州梅どり「元気どり」を、じっくりと備長炭で焼いて秘伝のタレで仕上げた串焼きは肉の旨味かたっぷりでリピーターも多い一品だ。また地元で取れた新鮮な野菜を使うサラダや、近郊で水揚げされる鮮度抜群の海の幸を使ったお造り盛り合わせなどの一品料理も味わえる。お酒も日本酒からワインまで幅広くラインアップ。さらにゲストハウスも営んでおり、和の趣あふれる空間が好評だ。参拝の後は泊まって、のんびりと過ごしつつゆっくりとおいしい料理やお酒を楽しむのもおすすめだ。

☎0736・56・3579 🏠和歌山県伊都郡高野町高野山262 🕐17:00〜21:00(LO20:00) 🈺水・日曜

Chapter 5
Worship and
enjoy experience,
sightseeing &
gourmet

03
参拝とともに
楽しみたい
観光＆グルメ

003

光海珈琲

こうみこーひー

1. オリジナルの精進カレー¥1380。2. 人気の精進カレーをはさんだ精進カレーホットサンド¥950。3. 九度山の「紀州地黄卵」を浮かべた光海たまご珈琲。4. 店名を刻んだ看板が目を引く外観。5. 木のぬくもりが漂う店内。

体に優しいコーヒーと料理を堪能

「わたしの人生と高野山」「湧き水で人を癒やす」をテーマに営むカフェ。高野山で唯一の珈琲焙煎所を持ち、希少なスペシャリティーランクの豆を丁寧に焙煎。清らかな湧き水を使って抽出するブレンドコーヒーは香り豊かで心癒される一杯だ。またオーナーのゆかりの地である北海道や青森をはじめ、地元の良質な食材を使った料理も提供。動物性の素材を一切使用せず、野菜や果物の滋味と湧き水のみで仕上げた旨味たっぷりの精進カレーや、

自家製の精進マヨネーズで味わう精進カレーホットサンド、一晩煮込んだタンシチューなど手間暇かけた料理はいずれも奥深い味わい。これを楽しみに訪れるファンも多い。

☎ 0736・56・5030 ⓗ 和歌山県伊都郡高野町高野山571 🕐 9:00～17:00 ⓗ 不定休

Shojin Dining
桐宝珠

ショウジンダイニング きりほうじゅ

1. 籠盛りの中に高野豆腐の煮付けや大豆のお肉など彩り豊かな料理が入る精進花づくし¥2,640は要予約。2. 熊野牛すき焼き御膳¥3,300は春、秋、冬限定で要予約。3. 奥之院一の橋近くにある。4. 団体にも対応可能な広い店内。

彩り豊かな創作精進料理が評判

ゆったりとした雰囲気の店内で、四季折々の素材を使った料理を提供するレストラン。看板メニューの創作精進料理はごま豆腐や刺し身こんにゃく、精進揚げ物の盛り合わせなど、素材のおいしさを引き出した多彩な一品がつき、味も見た目も大満足。脂と赤身のバランスが見事な和歌山のソフト牛「熊野牛」のすき焼きが味わえる熊野牛すき焼き御膳も、高野豆腐やごま豆腐などがつき、食べごたえ満点だ。

また高野山麓で育てられたこしひかりで作られるもちもちのお米ヌードルや、大豆とこんにゃくで作る歯ごたえのあるソイこんにゃくヌードルなど、予約なしで気軽に味わえるヌードルメニューもあるので、ランチにぜひ利用したい。

☎ 0736・56・2631　⊕ 和歌山県伊都郡高野町高野山737 一の橋天風2F　⏰ 11:00〜14:00　休 不定休

Chapter 5
Worship and
enjoy experience,
sightseeing &
gourmet

03
参拝とともに
楽しみたい
観光&グルメ

005

天風てらす
てんぷうてらす

1.体に優しいヴィーガンカレーセット。2.高野山麓の畑で採れた野菜で作るピクルスもついた天風てらす特製クラフトバーガーセット。ビーフパテのものもある。3.天風てらす精進ラテなどバラエティ豊かなドリンクが揃う。

体に優しい食や学びで
高野山の魅力を体験

　高野山麓で取れた新鮮な野菜やフルーツ、木の実など地元の食材を駆使したメニューが揃う、ナチュラルな雰囲気のカフェ。なかでも、動物性の素材を使わない精進料理をアレンジした天風てらすオリジナルのヴィーガンメニューは参拝客を中心に評判を呼ぶ。地元の米を使うもちもちのバンズに、大豆ミートまたはビーフのパテと和歌山名産の金山寺味噌のソースをサンドしたクラフトバーガーセットはボリュームも満点だ。また和歌山産のぶどう山椒のシロップと有機栽培レモンの果汁で作る、爽やかなぶどう山椒スカッシュや、濃厚な豆乳と黒ごま、きなこで作る天風てらす精進ラテも人気のメニュー。

4. 笑顔が素敵なスタッフの温かいもてなしも嬉しい。5. 大きな窓が開放的な印象を与える2階のカフェスペース。6. オリジナルのお香づくりや数珠づくりなどのワークショップも開催。7. 1階は高野山麓の名品を取り揃えたセレクトショップ。匠の技が光るクラフトや地場産業製品などが並ぶ。

☎0736・25・6012 🏠和歌山県伊都郡高野町高野山53-3 🕐11:00〜17:00(ランチは〜14:00LO) 🈺火曜

Chapter 5
Worship and enjoy
sightseeing &
gourmet

04

参拝とともに
楽しみたい
観光＆グルメ

参拝後は
お風呂でのんびり

壇上伽藍から奥之院まで歩いて参拝した後は、日帰りのお風呂で心身ともにリラックス。
旅の締めくくりにぴったりだ

001
天然温泉 ゆの里
てんねんおんせん ゆのさと

肌ざわり抜群の湯で
リラックス

霊山として名高い高野山麓に湧き
出る地下水「金水」と温泉水「銀水」の
水をブレンドした入浴施設。緑を配し
た趣のある露天風呂や金水の泡の刺
激が心地よいジェットバスなど、タイ
プが違う浴槽が10カ所あり、多様な
お風呂が楽しめる。湯の肌ざわりは
驚くほど柔らかく体が優しく包み込
まれるような感覚。湯あたりするこ
とも少ないと評判だ。

レストランでもすべての調理に「金
水」と「銀水」をブレンドしたミネラル
ウオーターの「月のしずく」を使用
し、自社の農園で育てた野菜を料理
に使った体に優しいメニューを提供。
世界的な水の研究施設「ゆの里アクア
フォトミクスラボ」も併設する。

1. 頬を撫でる風が心地よい露天風呂。彼方に山々
を望みながらのんびりと浸かることができる。2. 風
流な滝風呂もある内湯はゆったりとした広さだ。
3. 食事処では刺し身や揚げ物などがつく豪華なゆ
の里御膳などが味わえる。

☎0736・33・1126 🏠和歌山県橋本市神野々898 ⏰10:00
～22:00(受付は～21:00) 🈲第2・4木曜 💰大人￥1,100ほか

やどり温泉
いやしの湯

やどりおんせん いやしのゆ

1.2. ph値8.7の温泉は鮮度にこだわり、かけ流しで使用。なみなみと湯をたたえた露天風呂や内風呂でその極上の温泉を堪能したい。3. 週替わりの「しゅふのきまぐれランチ¥1,200」は人気だ。ほかにも鮎の塩焼き定食¥1,290などがある。

「生きたお湯」として評判の温泉

　清流、玉川峡を望む山あいにひっそりと佇む宿。宿泊はもちろん、日帰り温泉も利用できる。地下1300mから湧出する温泉は源泉かけ流しの「生きたお湯」で、保湿力に優れ、体を芯から温めるといわれるナトリウム炭酸水素塩化物泉。露天風呂は加温されている源泉と加熱されていない源泉をかけ流し、適温を維持する「完全かけ流し」の温泉で、ぬるぬるとした肌ざわりから美人の湯としても名高く人気だ。大理石や檜造りで源泉掛け流しの内風呂、石造りの露天風呂でのんびりと温泉を楽しもう。また館内にある「おかん's café」では手作りの料理を提供。どれも手間暇かけた逸品ばかりだ。

☎0736・32・8000 ⊕和歌山県橋本市北宿5 ⊗11:00〜21:00(受付は〜20:00) ⊛火曜〜木曜(祝日、GW、8月は特別営業) ¥大人¥700ほか(祝日、GW、お盆は大人¥800ほか)

Chapter 5
Worship and
enjoy experience,
sightseeing &
gourmet

04
参拝とともに
楽しみたい
観光&グルメ

003

はなぞの温泉
花圃の里

はなぞのおんせん　かほのさと

1. 湯量豊富な温泉をたたえた内風呂。窓の外に美しい緑を望みながら静かにゆっくりと温泉が楽しめる。
2. ナチュラルな雰囲気の食堂で、手作りの定食に舌鼓。3. 和の情緒が漂う宿。館内には宴会場やご当地土産を揃える売店もある。

肌ざわり抜群の湯でリラックス

　高野山の自然に囲まれた木の香りが漂う風雅な宿で、日帰り温泉が楽しめる。温泉は肌に刺激が少なく柔らかいナトリウムカルシウム塩化物冷鉱泉の単純温泉。神経痛や筋肉痛にも効能が期待でき、ゆっくりと浸かってリフレッシュすることができる。湯上がりは暖炉のあるラウンジでのんびり。食堂もあり、やわらかくジューシーなトンカツ定食をはじめ、バラエティ豊かな定食を味わうことができる。宿泊プランも充実、清潔感漂う洋室や、ツインベッドと畳スペースが付いてゆったりと広いモダンルームなど人数に合わせてチョイスできる。日常を忘れ、静かなひとときを過ごしたいときにぴったりの温泉宿だ。

☎0737・26・0171 🏠和歌山県伊都郡かつらぎ町花園梁瀬779-1 🕐12:00〜17:00（日帰り入浴）🈳無休
💰中学生以上¥700ほか

かつらぎ温泉
八風の湯

かつらぎおんせん はっぷうのゆ

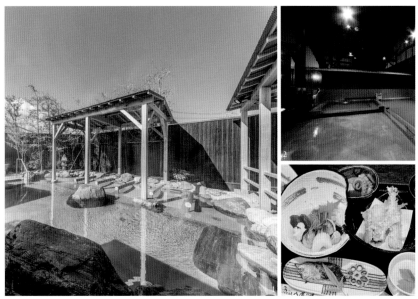

1. ねころびの湯や一人つぼ湯など、さまざまな浴槽が揃う露天風呂。東屋もあり和の風情満点だ。2. 天井が高く開放感のある内風呂。第三源泉や第四・第五源泉を引いている。3. お造りや天ぷらなどがつくぜいたく八風膳￥2,970。

高い塩分濃度を誇る温泉でゆったり

源泉かけ流しの温泉と、こだわりの食事が楽しめる日帰り温泉施設。大浴場、露天風呂ともにゆったりと広く、浴槽にはなみなみと温泉をたたえ、心身ともにくつろげると評判だ。大浴場に使用する第五源泉は数万年前の海水が天然温泉になった「化石海水」と呼ばれる貴重な温泉。塩分濃度は日本でもトップクラスといわれ、保温や保湿に優れているといわれる。たっぷりと温泉を楽しんだ後は、食事処で地元の食材を駆使した料理を堪能。多種多様な料理がつくぜいたく八風膳をはじめ、バラエティー豊かな料理が充実している。ほかにもサウナやあかすりエステ、みやげ処などがあり、1日中楽しめる。

☎0736・23・1126 ⊕和歌山県伊都郡かつらぎ町佐野702 ⏰10:00〜22:00(受付は〜21:00) ⏳大人平日￥1300、土・日曜、祝日￥1,700ほか ⊗無休(メンテナンス休業あり)

Chapter 5
Worship and
enjoy experience,
sightseeing &
gourmet

05

参拝とともに
楽しみたい
観光＆グルメ

高野山のおみやげ大集合!

老舗の和菓子や念珠など、高野山ゆかりのものから
地元の素材を使う話題のおみやげまで勢ぞろい!

001
みろく石本舗 かさ國 本店
みろくいしほんぽ かさくに ほんてん

高野山にちなんだ和菓子が豊富

　よろず屋として明治時代に創業。昭和初期からは和菓子屋となり、現在5代目が営む。看板商品のみろく石は奥之院の御廟手前に鎮座する弥勒石をイメージ。北海道産の小豆を使った甘さ控えめの自家製あんを薄皮で包んだ和菓子で、おみやげにも喜ばれる一品だ。かわいらしい鈴の形をした小鈴最中や、その昔高野山の藩銭として使われた通貨をかたどった高野通宝などもある。

上／みろく石1個¥120。
右／小鈴最中10個入り¥1,400。前日までに要予約

📞0736・56・2327 🏢
和歌山県伊都郡高野
町高野山764 🕐8:00
〜17:00 ❌不定休

002
南峰堂
なんぽうどう

上品な麹の香りが漂う酒まんじゅう

　創業100年以上の和菓子専門店。名物の酒まんじゅうは皮に米麹を使用。口に入れた瞬間、ふわっと麹の香りが感じられるのが特徴だ。北海道産の小豆にこだわり、なめらかに仕上げたこしあんはあっさりとした甘さで食べやすいと評判。1個ずつ購入でき、食べ歩きができるのも嬉しい。他にも、もちもちの皮につぶあんがぎっしりと入った大門力餅や焼き菓子の山川まんじゅうなどがある。

左上／酒まんじゅう
1個¥130、右上と下／大門力餅1個¥130。

📞0736・56・2316 🏢
和歌山県伊都郡高野
町高野山803 🕐9:00
〜16:30 ❌不定休

003

上きしや
かみきしや

300年の伝統を守るやきもちの老舗

　創業300年余を誇る、老舗の和菓子店。江戸時代、歩いて高野山を参拝する人のために販売し始めたというやきもちは、もち米とあずき、砂糖のみを使い、添加物を一切使わない素朴な味。中に入るあんは、粒感を少し残したつぶしあんであっさりとした味わいだ。緑豊かな山並みを一望する店内でイートインもできる。また和歌山産のみかんなど、県内の名産品もおみやげとして販売。

上／やきもち1個¥130。右／おみやげにぴったりの袋入5個¥650。

☎0736・56・4035 ⊕和歌山県伊都郡高野町花坂753-1 ⊛8:00〜18:00 ㊡不定休

優しい甘さのかるかや餅¥150。香ばしいきなこも美味。

北海道産の小豆とあっさりとしたクリームを使う法の月¥330。

☎0736・56・2047 ⊕和歌山県伊都郡高野町高野山766 ⊛9:00〜17:00 ㊡不定休

004

高野山松栄堂
こうやさんしょうえいどう

文豪が好んだ銘菓も人気

　1854(安政元)年創業、総本山御用達の御菓子司としてその名を知られる店。あんをはさんだ餅にきなこをたっぷりとかけたかるかや餅はこの店の名物だ。また高野山を訪れた多くの文豪たちにも愛された栗蒸し羊羹「槙の華」、形が仏の手に似ている柑橘、仏手柑を使ったまんじゅう「三鈷の光」などもおみやげに人気。和菓子以外に仏具や念珠なども販売。喫茶・軽食も楽しめる。

Chapter 5
Worship and
enjoy experience,
sightseeing &
gourmet

05
参拝とともに
楽しみたい
観光＆グルメ

005

中本名玉堂
なかもとめいぎょくどう

高野山ゆかりの念珠をおみやげに

数珠・仏具商として享保年間に創業。「品物と一緒に満足を買っていただく店」をコンセプトに、念珠や仏具をはじめ、高野山ゆかりの品々を販売する老舗。特に念珠は専門品から一般の様式のものまで幅広く取り揃え、常駐する職人が修理や調整も行い、世界にひとつのお誂え御念珠も作ることができる。他にも高野とうふやごま豆腐、高野山のヒノキから抽出する高野山ひのき油など多彩なおみやげが揃う。

1. 弘法大師空海や高野山ゆかりの念珠。2. ごまとうふ・高野豆腐各¥580～。

☎0736・56・2024 ㊍和歌山県伊都郡高野町高野山765 ㉑8:30～17:00(季節により変動あり) ㊡無休(年末年始、冬期は不定休)

006

一の橋天風
いちのはしてんぷう

バラエティー豊かなおみやげを販売

高野山や和歌山のおみやげを取り揃えるセレクトショップ。高野山を代表する世界三大美樹のひとつ、「高野槇」とミントを合わせた高野槇飴をはじめ、卵や牛乳、バターなどを使わず高野とうふの粉末を練り込んだ精進デニッシュなど手軽に買えるものが豊富だ。また高野山清浄心院の護摩行で焚かれた祈願護摩灰を香と一緒に調合した厄除け開運香守りなど、高野山ならではのみやげも人気だ。

1. ミントと高野槇が原料の高野槇飴¥400。2. 精進デニッシュ¥1,000。

☎0736・56・2631 ㊍和歌山県伊都郡高野町高野山737 ㉑10:00～16:00 ㊡不定休

007

平野清椒庵
ひらのせいしょうあん

1.2. 長年にわたり、生産農家とともに山椒づくりを行い、良いものだけを厳選して、製品に使用している。3. 粉砕機などを使用せず、丁寧に少しずつ粉にしていくこだわりようだ

国産材料を厳選し、本物の山椒を提供

「丁寧であること、本物であること」の志のもと、最高品質の山椒を製造販売している。山椒は和歌山県有田産の手摘みのぶどう山椒を使用。収穫された山椒は風味を守るために産地に加工場を設け、熱を加えることなく時間をかけて乾燥させてから石臼でゆっくりと粉にするこだわりようだ。唐辛子やゆずも自社農場や、顔が見える契約農家から仕入れるものだけを使い、手間ひまかけて商品にしている。鹿児島・喜界島で栽培された唐辛子を使った薬味缶七味や、爽やかな辛さのゆず一味などがおすすめだ。いずれも鼻に抜けるような清々しい山椒の香りが楽しめ、和・洋の料理にも合う。

☎0736・56・2777 **住**和歌山県伊都郡高野町高野山733 **営**9:00〜17:00 **休**月曜(繁忙期は無休)

4. 収穫されてすぐの山椒を丁寧に乾燥させ、香りを大切にした薬味缶粉山椒5g ¥880。5. 和歌山県産の山椒や国産ゴマの風味が生きた薬味缶七味5g ¥760。

Chapter 5
Worship and
enjoy experience,
sightseeing &
gourmet

06

参拝とともに
楽しみたい
観光&グルメ

高野山から
ワンデイトリップ

高野山からひと足延ばして和歌山市やかつらぎ町の観光スポットへ。
歴史的スポットや花の名所などを訪れて旅の思い出を増やそう

001 和歌山城公園
わかやまじょうこうえん

1. 紀州徳川家の居城としての歴史をもつ和歌山城。敷地内には茶室や動物園もあり、観光地として人気だ。
2.3. 天守閣では、甲冑や武具など歴史的に貴重な資料が展示されている。

和歌山市のシンボル的存在

　1585（天正13）年に羽柴秀吉が弟の秀長に命じて築城。1600（慶長5）年の関ケ原の戦いの後、浅野幸長が城主となり城下町を整備。その後徳川家康の10男頼宣が紀州藩主となり、紀州徳川家の居城となった。

　天守閣は市の中心にある虎伏山に鎮座し、眺望は抜群。市街地や、紀の川の豊かな流れを一望するロケーションだ。また天守閣の石垣には紀州特産の青石が多く使わ

れ、雨の日は特に美しい。周辺には散策路が整備され、緑に囲まれた西之丸庭園や市民に愛される動物園もあり、のんびりと散策やジョギングするのにぴったり。春の桜、秋の紅葉シーズンは多くの観光客で賑わう場所だ。

☎073・435・1044（和歌山城整備企画課）🏠和歌山県和歌山市一番丁3 🕐天守閣は9:00〜17:30（入城は〜17:00）、ほか施設により異なる 🈳施設により異なる ¥天守閣大人¥410ほか施設により異なる

友ヶ島（沖ノ島）
ともがしま（おきのしま）

要塞時代をそのまま残す独特の雰囲気が魅力

　和歌山の沖、紀淡海峡に浮かぶ地ノ島、虎島、神島、沖ノ島を総称して友ヶ島と呼ぶ。沖ノ島は旧日本軍の要塞施設として使われていた歴史があり、明治時代に整備された砲台跡や、日本で8番目に建築された白亜の洋式灯台などが点在。これらをめぐるハイキングコースも設けられている。きらめく海を望みながら、歴史的な史跡をめぐるのはまたとない旅の思い出だ。天気が良ければ、雄大な大阪湾の彼方に六甲山を見ることもできる。また島の中央にある深蛇池（通行止めの可能性あり）には約400種類もの湿地帯植物が群生、これらの珍しい植物を愛でながらハイキングを楽しんでみてはいかがだろう。

1. 紀淡海峡にぽっかりと浮かぶ風光明媚な島。2. 沖ノ島の最主力砲台である第3砲台跡。独特の世界観があり、多くの観光客が訪れる。3. アニメの舞台にもなり、コスプレで訪れる人も多い。

☎073・459・0314（友ヶ島案内センター）、073・459・1333（友ヶ島汽船）⊕和歌山県和歌山市加太笘ヶ沖島2673-1、3、4 🚢友ヶ島汽船加太港発1便9:00、友ヶ島発最終便16:30（気象状況で欠航の場合あり）🈺友ヶ島汽船は水曜（季節により変更あり）

Chapter 5
Worship and
enjoy experience,
sightseeing &
gourmet

06
参拝とともに
楽しみたい
観光＆グルメ

003

ポルトヨーロッパ

石畳が美しいテーマパークで遊び三昧

中世地中海の港街をモチーフにしたテーマパーク。園内は噴水広場が印象的なフランスの街並み、イタリア・フィーノをイメージしたイタリアの街並み、スペインの古城の3エリアがあり、いずれもフォトジェニックな風景が広がる。また落差22mを一気に滑り落ちる「ハイダイブ」や脱出時間を競う体感型巨大迷路「脱出！魔王の迷宮」などのアトラクションも充実。ほかにもフードコートやレストラン、和歌山の名産品を取り揃えるショップも多種多様に揃う。黒潮市場も隣接。ゴールデンウィークや夏休みには花火ショー、冬季は美しいイルミネーションイベントも開催し、世代を問わず1年を通して遊べるスポットだ。

1. 異国情緒漂うテーマパーク。季節のイベントはもちろん、パフォーマンスショーや世界の珍しい生き物が集まるワクワクいきものワールドも好評だ。2. スリル満点の絶叫マシン、ハイダイブは老若男女に人気のアトラクションだ。

☎0570・064・358(和歌山マリーナシティインフォメーション) 🏠和歌山県和歌山市毛見1527 🕐11:00～16:00(土・日、祝日および季節により変動あり) 🈁不定休 💴入園無料(アトラクションやイベントは有料)

道の駅 四季の郷公園
FOOD HUNTER PARK

みちのえき しきのさとこうえん フード ハンター パーク

自然と戯れ、1日中楽しめる公園

　敷地面積25.5haと関西最大級の規模を誇る道の駅。「Be Wild 野生を楽しもう」をコンセプトに、自然を活用したさまざまなエリアで1日中楽しむことができる。中でも人気は「炎の囲炉裏」で、手ぶらで楽しめるバーベキューだ。和歌山を代表するジビエを使ったサルシッチャや熊野牛のステーキなどを炭火で焼いて味わうことができる。食堂「炊所」では地元の味噌や梅酢を使う定食を提供。公園エリアには2つのドッグランやアスレチックなどもあり、家族連れに人気だ。マーケット「水の市場」では、オリジナル商品や地元産の新鮮な野菜など約1300種類もの商品を販売。おみやげ選びも楽しい。

1. 広大な敷地を誇る園内には、食べて、遊んで学べる施設が充実。2.「火の食堂」ではバーベキューなど火を感じる多彩な料理が食べられる。3. 地元で取れた新鮮な野菜やアウトドアグッズ、オリジナル商品が並ぶ「水の市場」。

☎ 073・499・4370　⊕ 和歌山県和歌山市明王寺479-1
🕙 10:00〜17:00(土・日、祝日は9:00〜)　🅿 年末年始
💴 入園無料

Chapter 5
Worship and
enjoy experience,
sightseeing &
gourmet

06

参拝とともに
楽しみたい
観光＆グルメ

005

花園あじさい園

はなぞのあじさいえん

涼を呼ぶ青のあじさいを満喫

標高1040m、高野籠神スカイライン沿いに広がる園内には、あじさい約3500株、シャクナゲ約1000株のほかに山野草も咲き、開花時期には美しい姿を楽しませてくれる。特にあじさいは平地に比べて約1カ月遅れて開花。青のあじさいと緑が奏でる風景は清々しく、真夏でも涼を感じることができる。秋の紅葉もまた見事。高野山からは車で約20分の場所にあり、参拝帰りに紅葉を楽しみに訪れる人も多い。

売店では地元産の高野槙や山椒の塩漬けをはじめ、県内の特産品などをリーズナブルに販売。またレストランでは猪肉や川魚のアマゴを使ったオリジナルメニューを提供。肉の旨味が濃厚な猪肉はクセがなく食べやすいと評判だ。

青空とのコントラストが見事なあじさい。雨の日に訪れてもまた風雅な景色が楽しめる

☎0737・26・0888 🏠和歌山県伊都郡かつらぎ町花園久木364-26高野龍神スカイライン内 🕐9:30～16:30（最終入園は16:00）🈲水曜、12～3月は休業 💰入園料¥200

和歌山県立博物館

わかやまけんりつはくぶつかん

和歌山の歴史や文化を多彩な所蔵品で紹介

　和歌山県の歴史や文化を多角度的に紹介する博物館。常設展では「きのくにの歩み－人々の生活と文化－」をテーマに、7つのコーナーで人々の生活と文化の変遷を時代別に紹介。わかりやすい展示で、学びが深まる。所蔵品は紀伊国に関わる文化財を中心に、絵画や工芸、古文書など多彩な分野にわたる。特に近世文人画や紀州三大窯で作られた陶磁器は大きなコレクションで、見ごたえも抜群だ。また、熊野速玉大社の古神宝や紀州東照宮所蔵の徳川家ゆかりの刀剣、甲冑、装束などの貴重な文化財をはじめ、江戸時代に活躍した絵師・長澤蘆雪（ろせつ）の作品なども所蔵。

1. 建物は隣接する和歌山県立近代美術館とともに黒川紀章氏による建築。
2. 旧石器時代から近代までの流れとともに掘り下げたテーマで展示する常設展。3. 和歌山県ゆかりの仏像など和歌山県立和歌山工業高校などと連携して作った「さわれるレプリカ」を展示。

☎ 0734・36・8670　⊕ 和歌山県和歌山市吹上1-4-14
🕘 9:30～17:00（最終入館は～16:30）　❌ 月曜（祝日の場合は翌平日）、年末年始、特別展示入れ替え期間
💴 常設展一般¥280、特別展¥520～

高野山拡大図

P98,101 紀州和歌山横笛の会（リトリート、香のお守りづくり体験）
●女人堂 P87
P96 高野山森林セラピー体験ツアー
巴陵院卍
明恵上人供養塔●
卍蓮華定院
●徳川家霊台 P89
一心口●
●西室院卍
卍南院
波切不動前●
高野町役場●
高野山中学校前
高野山中

Shojin Dining 桐宝珠 P109
P118 一の橋天風

P106 角濱ごまとうふ総本舗大門店●
高野山高校前●
本王院前●
高野警察前●
普門院卍
卍清浄心院
P119 光海珈琲
P108 平野清椒庵
卍遍照光院
P44 壇上伽藍
高野山真言宗 金剛峯寺 P66
金剛峯寺前●
卍普賢院
卍成福院
卍三宝院
卍持明院
卍上池院
卍刈萱堂
高野山宿坊恵光院 P92
高野山奥之院ナイトツアー P99

P104 霊宝館前●
大師教会
高野山観光情報センター
卍金剛三昧院
みろく石本舗 かさ國 本店 P116
卍光明院
卍美福門院陵

高野山デジタルミュージアム
高野山霊宝館 P91
高野山大学図書館 P90
中本名玉堂 P118

N
0   300m

地ノ島
深山第一砲台跡
友ヶ島 P121
探照燈跡
和歌山市
田倉崎灯台
南海本線
南海加太線
加太・なんばへ
南海本線
和歌山市
和歌山市役所
和歌山
紀ノ川
千旦
田井ノ瀬
高野口へ
布施谷
和歌山線

紀淡海峡
桜荼山公園市民の丘
養翠園
番所庭園
雑賀崎灯台
玉津島神社
片男波公園
和歌山城公園 P120
和歌山県立博物館 P125
日前神宮
紀勢本線
宮前
和歌山南スマート
岩橋千塚古墳群
城ヶ峯
道の駅 四季の郷公園 P123
FOOD HUNTER PARK
和歌山電鐵貴志川線
伊太祁曽神社

紀州東照宮
紀三井寺
和歌山浦海
黒江
竈山神社
和歌山市
海南市

和歌山県立自然博物館
黒潮市場
P122 ポルトヨーロッパ
紀三井寺公園
海南市役所
わんぱく公園
電池公園
海南
海南東
有田へ

N
0   2km

127

ゆったり＆じっくり楽しむ
高野山
参拝旅
完全ガイド

TOKYO NEWS BOOKS

企画・編集	株式会社ネオパブリシティ
編　　集	篠田享志・小山芳恵・蟹江雄太・綾部 綾
撮　　影	堀 宏之
デザイン	高田正基（Valium design market.inc)・堀井悠介（株式会社企画室雄）
地　　図	庄司英雄

ゆったり＆じっくり楽しむ

高野山参拝旅 完全ガイド

第 1 刷　　2023年11月27日

編　　者	「高野山参拝旅 完全ガイド」製作委員会
発 行 者	菊地克英
発　　行	株式会社東京ニュース通信社 〒104-6224 東京都中央区晴海1-8-12 電話 03-6367-8023
発　　売	株式会社講談社 〒112-8001 東京都文京区音羽2-12-21 電話 03-5395-3606
印刷・製本	株式会社シナノ